# Haushalt nebenbei

500 saubere Expertentricks

CHRISTIAN EIGNER



Stiftung Warentest

# SO FUNKTIONIERT DAS BUCH

Um Ihren Haushalt im Griff zu haben, müssen Sie sich weder einen Putzfimmel zulegen noch zum Flusenfetischisten werden. Genau genommen müssen Sie Hausarbeit nicht einmal mögen. Sie ist immer da, kann einen ganz schön nerven, und ist man endlich fertig, könnte man gleich wieder von vorn anfangen: Boden und Oberflächen wollen regelmäßig vom Staub befreit, Wäsche gewaschen und gebügelt, Einkäufe ausgepackt und eingeräumt werden. Vielen Menschen ist das ewige Schrubben, Wienern und Ordnunghalten auch deshalb zuwider, weil sie es langweilig, anstrengend und ineffektiv finden. Das könnte sich ändern, wenn Sie die Tipps aus diesem Buch ausprobieren. Warum? Weil Sie sofort loslegen, nichts falsch machen und schnell Erfolge sehen können.

Rohes Ei mit dem Spüllappen wegwischen? Für jeden Fleckentyp ein eigenes Mittel kaufen? Morgens so schnell wie möglich das Bett machen? **BESSER NICHT!** Was unnötig Zeit, Geld oder Nerven kostet, finden Sie auf der linken Buchseite. Sie werden staunen!

### JEDEN TAG EIN PAAR HANDGRIFFE – DAS „NEBENBEI-PRINZIP"

Damit keine Missverständnisse aufkommen: Von allein macht sich der Haushalt nicht. Wer die Arbeit zu lange vor sich herschiebt, steht irgendwann vor einem Riesenberg – und den abzutragen macht erst recht keinen Spaß. Wie beim Sport gilt deshalb: Regelmäßig ein moderates Pensum zu absolvieren bringt mehr als gelegentliche Gewaltaktionen. Mit etwas Übung geht Ihnen dieses Prinzip auch im Haushalt in Fleisch und Blut über. Machen Sie es am besten ab sofort zu Ihrem Erfolgsgeheimnis.

Beispiele gefällig? Wischen Sie Armaturen und Duschwand gleich nach dem Benutzen trocken. Hängen Sie frisch gewaschene Wäsche sofort zum Trocknen auf. Behalten Sie im Kühlschrank den Überblick – dann können vergessene Lebensmittel auch nicht vor sich hin gammeln.

## BASICS EINFACH ERKLÄRT

Wer die kleinen Dinge nicht auf die lange Bank schiebt, kann einen Großteil der Hausarbeit tatsächlich nebenbei erledigen. Wichtig ist, dass Sie optimal ausgerüstet sind. Auch hier trennt dieses Buch die Spreu vom Weizen – sei es in puncto Putzlappen, Küchenmesser oder Energiesparlampen. Es geht nicht darum, viel Geld auszugeben oder immer neue Sachen auszuprobieren. Nur wer sich wenige, dafür aber die richtigen Haushaltshelfer kauft, spart Geld und schont die Umwelt. Das gilt auch für die „Software": Wussten Sie schon, dass Sie mit nur fünf Putz- und drei Waschmitteln alles sauber bekommen?

Rohes Ei mit Küchenpapier aufnehmen und entsorgen? Flecken aller Art mit Vollwaschmittel bekämpfen? Das Bett nach dem Aufstehen ein paar Stunden auslüften lassen? **VIEL BESSER!** Wie Sie schneller, sparsamer, stressfreier zum Ziel kommen, steht jeweils auf der rechten Seite.

## SO GEHT'S BESSER

In kaum einem Bereich kursieren derart viele Halb- und Unwahrheiten wie im Haushalt. Manche Weisheit stammt aus Großmutters Zeiten, mit anderen, ebenso zweifelhaften Botschaften kurbelt die Werbebranche den Verkauf von Produkten an. Dieses Buch zeigt anhand „sprechender" Fotos und prägnanter Texte Irrtümer und Mythen auf, verrät aber immer auch, wie es besser geht. Grundlage bilden das umfangreiche Wissen und die jahrelange Erfahrung der „test"-Redaktion. Darüber hinaus vermitteln Ihnen Infokästen Zusatztipps („Extra-Tipp", „Profi-Tipp") und warnen vor Gefahren („Besser nicht!", „Achtung!").

## ALLES AUF EINEN BLICK

Auf doppelseitigen Fotos präsentieren wir Ihnen Hausarbeiten, für die Sie etwas mehr Ausrüstung und ein paar Extra-Erklärungen brauchen – oder bei denen es hilfreich ist, alles auf einen Blick zu sehen. Dazu gehören „Perfekte Schuhpflege", „Ein Fall für die Reinigung" und „Wäsche richtig aufhängen". Übrigens: Der Haushalt ist – gemessen an der Zahl der Unfälle – alles andere als ein sicherer Ort. Die gute Nachricht: Viele Stürze, Stromschläge und Wohnungsbrände ließen sich mit etwas Weitblick vermeiden. Zu Beginn des letzten Kapitels finden Sie deshalb die besten Tipps für Ihre eigene Sicherheit. Na, dann: frohes Schaffen!

## FLECKEN, KALK + SCHIMMEL



## KEIME + SCHÄDLINGE



## SICHERHEIT, STRAHLEN + ENERGIE



## SERVICE

# Putzen + Pflegen

**Wie viel Sauberkeit braucht der Mensch?** Schwer zu sagen. Für den einen muss immer alles blitzen und blinken – während andere ein wenig Dreck nicht stört. Klar ist: Ohne zu putzen, geht es auf Dauer nicht, wenn wir gesund bleiben wollen. Wer aber „sauber und hygienisch" mit „keimfrei und steril" verwechselt, tut sich auch keinen Gefallen. Am besten, Sie vergessen die Slogans aus der Werbung und verlassen sich auf Augen und Nase!

# JEDE MENGE PUTZMITTEL?

**SPEZIALREINIGER FÜR JEDEN ZWECK** versprechen perfekte Sauberkeit im Handumdrehen. Doch die bunte Vielfalt ist unterm Strich vor allem eines – ziemlich teuer.

**OB FENSTERRAHMEN ODER DUSCHWAND,** Backofen oder Parkettboden – für jedes Material gibt es einen speziellen Reiniger. Im Nu hat man zu Hause zehn oder mehr Putzmittel herumstehen. Dass die keine Wunder vollbringen, wird schnell klar und hat einen einfachen Grund: Nur ein geringer Teil des Inhalts wirkt tatsächlich gegen Schmutz – der Rest sind Duft-, Farb- und Konservierungsstoffe.

# DIESE FÜNF REICHEN!

**HIER IST WENIGER MEHR!** Mehr als eine Handvoll Putzmittel braucht es nicht, um Sauberkeit und Glanz zu verbreiten. Nur die richtigen sollten es sein.

Gar keine gute Idee ist es, Putzmittel zu mischen. Zum einen wird es so nicht sauberer. Zum anderen können **GIFTIGE GASE** entstehen, wenn Sie etwa einen sauren WC-Reiniger mit einem Mittel mischen, das Aktivchlor enthält.

**EXTRA-TIPP**

Wer Parkett- oder Dielenboden hat, kann zusätzlich ein geeignetes Holzmittel kaufen, sollte dieses jedoch sparsam verwenden.

**FÜR OBERFLÄCHEN IM HAUSHALT** genügen ein Universalreiniger gegen Schmutz und Fett, ein Essigreiniger gegen Kalk und ein Scheuermittel, das hartnäckige Flecken beseitigt. Sinnvoll ist auch ein Geschirrspülmittel. Die Reihe komplettiert ein WC-Reiniger, da er beim Dosieren an der Innenseite des Beckens haftet und dank seines gebogenen Flaschenhalses auch unter den Rand kommt.

## DIESE FÜNF SOLLTEN SIE BESITZEN

**Sauberkeit muss frisch duften.** Ein Irrglaube, von dem Sie sich ganz schnell frei machen sollten. Diese Verbindung existiert nur in unseren Köpfen – vor allem dank langjähriger Produktwerbung. In Wahrheit riecht Sauberkeit nach gar nichts. Anders gesagt: Ob es bei Ihnen zu Hause sauber wird, hängt nicht von der Duftnote Ihrer Putzmittel ab, sondern davon, an welchen Stellen und gegen welchen Schmutz Sie sie einsetzen.

## UNIVERSALREINIGER

**Wirkstoffe** Universal-, Allzweck- und Neutralreiniger sind meist leicht alkalisch. Ihre Wirkung beruht vor allem auf Tensiden, die sich an den Schmutzpartikeln anlagern und diese ablösen.

**Einsatzgebiete** Universalreiniger gehören – sparsam dosiert – ins Putzwasser für alle abwaschbaren Oberflächen inklusive Fußböden. Unverdünnt rücken Sie damit angetrockneten fetthaltigen Verschmutzungen zu Leibe, etwa am Herd oder Dunstabzug.

## ESSIGREINIGER

**Wirkstoffe** Die in Essigreinigern enthaltene Säure beseitigt in erster Linie säurelösliche Verunreinigungen wie Kalkablagerungen und Urinstein. Alternativ zu Essigsäure können Sie auch einen schonenderen Reiniger mit Zitronensäure verwenden.

**Einsatzgebiete** Essig- und Zitronensäure wirken überall da, wo Sie mit Wasser hantieren, also etwa im Bad und in der Küche. Unverdünnt lassen sich damit auch Kalkverkrustungen lösen – Stichwort „einweichen".

## SCHEUERMITTEL

**Wirkstoffe** Scheuermilch enthält neben Farb- und Duftstoffen sowie Tensiden weiche Schleifpartikel, beispielsweise aus Quarz- oder Marmormehl, um ein Verkratzen von Oberflächen zu vermeiden. In Scheuerpulvern sind kleine Körnchen, etwa aus Kreide oder Quarz, enthalten.

**Einsatzgebiete** Weil sie „abrasiv", also schleifend, wirken, lassen sich Scheuermittel sehr effektiv gegen stärker anhaftende Verunreinigungen in Bad und Küche einsetzen.

## GESCHIRRSPÜLMITTEL

**Wirkstoffe** Geschirr- bzw. Handspülmittel sind neutral bis schwach sauer. Wie Universalreiniger enthalten sie Tenside gegen fetthaltigen Schmutz. Zusätzlich kommen Alkohol (Lösungsmittel) sowie Hautpflegesubstanzen zum Einsatz.

**Einsatzgebiete** Handspülmittel haben die Aufgabe, Speisereste von Geschirr abzulösen. Grundsätzlich lassen sich mit ihnen auch Oberflächen reinigen, allerdings bleiben nach dem Trocknen unter Umständen Schlieren zurück.

## WC-REINIGER

**Wirkstoffe** WC-Reiniger sind in der Regel zähflüssig („viskos") und meist schwach sauer. Mit Hilfe von Säuren und Tensiden lösen sie Urinstein und Kalk. Alkalische („hypochlorithaltige") Produkte wirken bleichend und keimtötend.

**Einsatzgebiete** Domäne des WC-Reinigers sind Innenseite und Rand des Toilettenbeckens. Lassen Sie den Reiniger eine halbe Stunde einwirken und schrubben Sie dann mit der Klobürste die Verschmutzungen weg!

## ... UND DIESE FÜNF SIND ÜBERFLÜSSIG

**Glas, Edelstahl, Backofen** – für fast alles gibt es Spezialreiniger. Wer an ihre wohlklingenden Verheißungen glaubt, muss tief in die Tasche greifen und hat bald eine beeindruckende Sammlung an Plastikflaschen und Spraydosen herumstehen. Sauberkeit geht auch anders: Fast immer wird auch die „Grundausstattung" an Reinigern mit dem Schmutz fertig – oder es gibt eine Alternative, die ebenfalls wirkt und weniger kostet.

## EDELSTAHLREINIGER

**Wirkstoffe** Edelstahlreiniger sind leicht saure Flüssigkeiten, die fetthaltigen Schmutz, Kalk sowie angebrannte Speisereste (Töpfe) entfernen. Wichtig: Für Oberflächen aus gebürstetem oder mattiertem Edelstahl nur Reiniger ohne Polierkörper und keine kratzenden Schwämme verwenden!

**Alternative** Gegen Kalkreste und Fingerabdrücke hilft auch Universalreiniger. Für hartnäckigeren Schmutz kommen eine sanfte Scheuermilch oder Zitronensäure infrage (siehe auch S. 150).

## BADREINIGER

**Wirkstoffe** Badreiniger sind für größere Flächen gedacht und lassen sich aufsprühen. Aufgrund ihres Säureanteils nehmen sie es auch mit Seifenrändern und Kalkablagerungen auf.

**Alternative** Gegen Staub und Schmutz hilft auch ein Universalreiniger. Kalkablagerungen in Waschbecken, Badewanne und Duschkabine verschwinden mit Essigreiniger – hartnäckigere Ränder oder Flecken mit einer sanften Scheuermilch (siehe auch S. 34).

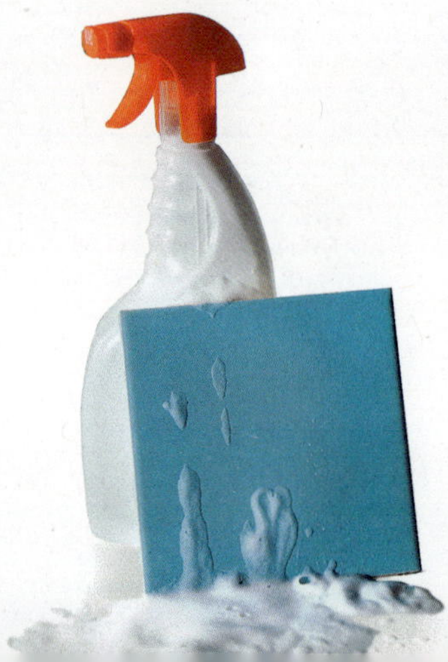

## KOCHFELDREINIGER

**Wirkstoffe** Kochfeld-Reiniger eignen sich für die glatte, kratzempfindliche Oberfläche von Glaskeramik. Mit Hilfe von Tensiden und milden Polierkörpern entfernen sie Kochrückstände. Zur Pflege der Kochfelder wird teilweise Silikonöl zugesetzt.

**Alternative** Mit einfachen fett- und eiweißhaltigen Flecken nehmen es auch unverdünnter Universalreiniger und Spülmittel auf (hartnäckige Verschmutzungen: siehe auch S. 44/45).

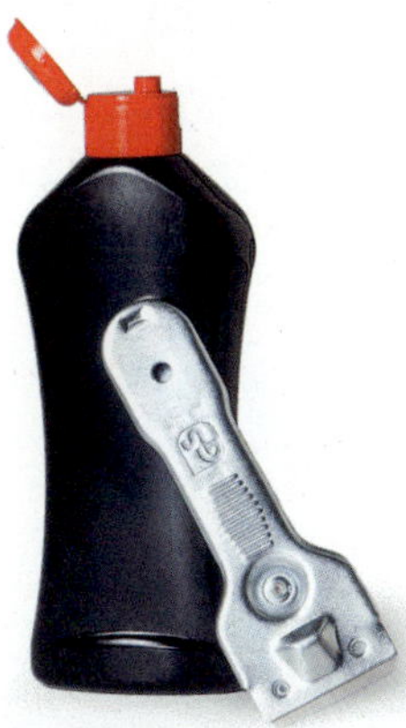

## BACKOFENREINIGER

**Wirkstoffe** Ofenreiniger enthalten Tenside und alkalische Substanzen. In Sprays enthaltene Treibmittel sind entzündlich und reizen Lunge und Atemwege. Sicherheitshinweise beachten!

**Alternative** Lose Reste wischen Sie mit einem Lappen oder Schwamm und Spülwasser aus. Hartnäckige Verkrustungen lösen Sie mit einem Kochfeldschaber. Auch ein Topfreiniger- oder Edelstahlschwamm eignet sich dafür (weitere Tipps siehe S. 46).

## GLASREINIGER

**Wirkstoffe** Glasreiniger enthalten neben Tensiden als Lösemittel Alkohol. Außerdem sind Duft- und Farbstoffe sowie teilweise Alkalien enthalten.

**Alternative** Um Kalkrückstände bzw. Schlieren auf dem Glas zu vermeiden, empfiehlt sich als Lösungsmittel destilliertes Wasser. In einen halben Liter gibt man ein paar Spritzer Isopropylalkohol oder Spiritus sowie einen Spritzer Spülmittel. Das Gemisch in eine Sprühflasche füllen – und losputzen! (siehe auch S. 28–31).

# PUTZHELFER

**... DIE JEDER BRAUCHT.** Wirkungsvoll sollen sie sein – und unnötige Anstrengungen vermeiden helfen. Hier die Grundausstattung für Putzteufel mit Köpfchen.

## SCHMUTZ IST GANZ SCHÖN VIELSEITIG …

Mal liegt er als Staub nur lose auf Möbeln, dann wieder klebt er als Fleck auf dem Boden oder prangt als Kalkspur auf der Armatur. Neben dem richtigen Reiniger braucht es da etwas Muskelkraft – und ein paar praktische Helfer. Während Lappen, Schwämme und Mopps den Schmutz aufnehmen, lösen ihn Bürsten, Radierer und Scheuervliese ab. All das soll geschehen, ohne den Untergrund zu beschädigen, etwa durch zu viel Wasser oder starkes Schrubben. Auf den folgenden Seiten lesen Sie im Detail, was dabei zu beachten ist.

## KLEINE LAPPENKUNDE

**Eins für alles?** Putztuch ist nicht gleich Putztuch. Das wird einem spätestens vor dem Regal im Drogeriemarkt klar. Hier stapeln sich Lappen verschiedener Größen, Farben und Materialien, mit denen der Hausputz angeblich wie von selbst klappt. Das ist natürlich Werbegeklingel, denn ohne etwas Mühe und die richtige Putztechnik geht es nicht. Spezielle Lappen können jedoch die Arbeit erleichtern.

## GEGEN STAUB

**Material** Staubtücher bestehen aus weicher Baumwolle. Ihre aufgeraute Oberfläche kann viel Staub binden. Das klappt vor allem auf glatten Flächen gut. Noch besser schaffen das jedoch Tücher aus Kunstfasern, feine Mikrofaser- sowie Staubfangtücher. Alternative: Staubwedel und -magneten.

**Gebrauch** Verwenden Sie Staubtücher nur trocken, um keinen Staub von Möbeln und Deko-Objekten aufzuwirbeln. Nach Gebrauch Tuch draußen ausschütteln.

## FÜRS GESCHIRR

**Material** Klassische Waffel-Spültücher bestehen aus Baumwolle, sind saugstark und fusseln nicht. Gut geeignet sind auch Tücher aus Baumwolle und Viskose sowie Schwamm- und spezielle Mikrofasertücher. Alternativen: Spülschwamm oder -bürste.

**Gebrauch** Ein Spüllappen wird nass verwendet und löst Schmutz mechanisch. Lassen Sie ihn nach Gebrauch trocknen und tauschen Sie ihn aus, wenn er anfängt zu müffeln. Lappen stets bei 60 Grad waschen.

## GEGEN SCHMUTZ

**Material** Mikrofasertücher bestehen aus Polyester oder Polyamid, fusseln nicht und binden aufgrund ihrer Struktur viel Schmutz. Sie sind erste Wahl, wenn eine Oberfläche nicht nur entstaubt, sondern gründlich gereinigt werden soll.

**Gebrauch** Mikrofasertücher entfernen – am besten leicht angefeuchtet – fett- und wasserlöslichen Schmutz. Da sie sich statisch aufladen, ziehen sie zusätzlich Schmutz an. Für glatte Flächen nur feine, glatte Mikrofasertücher verwenden!

## FÜR FUSSBÖDEN

**Material** Klassiker sind grobe Baumwolllappen. Ihre Fasern schließen viel Schmutz, auch gröberen, ein. Die Lappen können jedoch fusseln und sind etwas umständlich zu handhaben. Einfacher und effektiver lassen sich Böden mit einem Wischgerät samt Mopp reinigen (siehe S. 15).

**Gebrauch** Vorheriges Saugen oder Moppen ist nur bei größeren Verschmutzungen erforderlich. Wringen Sie Wischlappen immer gut aus und wischen Sie Böden dann „nebelfeucht" (siehe S. 22).

## FÜR (FAST) ALLES

**Material** Wer lieber auf ein Allzwecktuch setzt, landet entweder bei Lappen, die zumindest teilweise aus Mikrofaser bestehen – oder kauft sich Tücher aus Viskose-Vlies. Sie sind extrem saugfähig und sehr praktisch, weil sie weder kratzen noch fusseln.

**Gebrauch** Sie können sie sowohl trocken als auch feucht zum Beseitigen von feinem und grobem Schmutz einsetzen. Für Fußböden sind Allzwecktücher weniger geeignet. Sie sind nicht groß genug.

1
2
3
4
5
6
7
8
9
10
11
12

# BÜRSTEN + SCHWÄMME

Unerlässlich für jeden Haushalt ist ein Sortiment an Bürsten und Schwämmen. Bürsten besitzen je nach Einsatzzweck einen größeren oder kleineren, eckigen, runden oder ovalen Körper. Ihre Borsten sind härter oder weicher, länger oder kürzer, aus Natur- oder Synthetikfasern oder aus Metalldraht. Faustregel: Die Borsten müssen weicher sein als die Oberfläche – es sei denn, man will diese aufrauen. Kratzer hinterlassen können auch Schwämme mit Kunststoffvlies (Pad). Deshalb gibt es sie in unterschiedlichen Härtegraden – die zumeist an der Farbe erkennbar sind.

1 **FLASCHENBÜRSTE:** Für schmale Öffnungen von Flaschen und Gläsern

2 **KLEIDERBÜRSTE:** Entfernt sanft Staub und Schmutz und schont den Stoff

3 **ABFLUSSBÜRSTE:** Befreit Rohr und Siphon von Haaren und Ablagerungen

4 **POLISH-SCHWAMM:** Für Oberflächen aus Metall (Alu, Chrom, Edelstahl etc.)

5 **SCHEUERSCHWAMM:** Sein mittelhartes Vlies (grün) schafft Verkrustungen

6 **EDELSTAHLSCHWAMM:** Für haftenden Schmutz an Backblech, Rost & Co.

7 **SPÜLBÜRSTE:** Für festsitzenden Schmutz an Geschirr und Spülbecken

8 **SCHUHPUTZBÜRSTE:** Bringt frisch geputzte Lederschuhe auf Hochglanz

9 **KRATZSCHWAMM:** Sehr hartes Vlies (schwarz), für unempfindliche Flächen

10 **BADSCHWAMM:** Dank feinem Vlies (weiß/blau) für alle Flächen geeignet

11 **TOILETTENBÜRSTE:** Für strahlende Sauberkeit auf dem „Örtchen"

12 **METALLBÜRSTE:** Lässt den Grillrost schnell wieder glänzen

# KRATZFUSS?

**HÄSSLICHE KRATZER** können nicht nur Stuhlbeine hinterlassen – auch Sofa, Tisch und Anrichte drücken Parkett und Laminat ihren Stempel auf.

**RUND UM DEN ESSTISCH** sieht der Holzboden schon länger nicht mehr schön aus: Das tägliche Stühlerücken hat ihm schwer zugesetzt. Im Arbeitszimmer hat der Bürostuhl trotz seiner Rollen Spuren hinterlassen. Besonders ärgerlich: Seit der Umräumaktion sieht jeder Besucher auf den ersten Blick, dass Sofa und Sideboard quer durchs Wohnzimmer geschoben wurden.

# GLEITSCHUH!

**DAMIT SIE NICHT KRATZEN,** tragen Möbelbeine von Welt heute schützenden Filz darunter. Darauf können sie gefahr- und geräuschlos durchs Zimmer rutschen.

**PRAKTISCHE FILZSCHUHE** gibt es für jedes Möbelbein. In ihrer einfachsten Form lassen sie sich von einer Folie abziehen und aufkleben. Wer keine Lust auf verrutschte oder durchgescheuerte Klebegleiter hat, setzt auf Modelle, die fester sitzen. So bieten Fachhandel und Baumärkte für Stuhlbeine aus Stahlrohr Stopfen an, die exakt zu deren Durchmesser und Neigungswinkel passen.

## DAMIT DER BODEN LANGE SCHÖN BLEIBT

**Fliesen in der Küche,** Parkett im Wohnzimmer, Laminat in der Diele – wer unterschiedliche Bodenbeläge hat, sollte beim Reinigen etwas Rücksicht auf ihre Besonderheiten nehmen – vor allem, wenn es um Feuchtigkeit geht.

**Manche Beläge sind wasserscheu.** Bevor Sie etwa den nassen Lappen aufs Parkett klatschen, wringen Sie ihn besser kräftig aus. Das Ganze nennt sich nebelfeuchtes Wischen. Auch auf Laminat, Linoleum und Fliesen machen Sie mit dieser Methode garantiert nichts falsch.

## HOLZFUSSBODEN

**Reinigung** Während sich lose Verschmutzungen mit Mopp oder Staubsauger beseitigen lassen, entfernen Sie haftenden Schmutz mit einem gut ausgewrungenen Tuch und Universalreiniger. Wischen Sie mit Wasser nach und reiben Sie den Boden danach trocken. Absatzstriche beseitigt ein Schmutzradierer.

**Pflege** Spezielle Pflegemittel schützen versiegelte Holzböden zuverlässig. Doch Vorsicht: Sie bilden bei zu häufigem Anwenden eine klebrige Schicht, die Staub bindet.

## LAMINAT

**Reinigung** Den losen Schmutz aufsaugen und den Boden wöchentlich mit etwas Universalreiniger „nebelfeucht" wischen. Damit später keine Putzstreifen zu sehen sind, am besten trocken nachwischen. Flecken mit Universalreiniger, Spülmittel bzw. Schmutzradierer oder Spiritus entfernen.

**Pflege** Laminat darf auf keinen Fall gewachst/gebohnert oder poliert werden! Die Pflegemittel ziehen nicht in die Oberfläche ein, sondern bilden darauf Schlieren.

## TEPPICHBODEN

**Reinigung** Teppiche und Auslegware bei Bedarf (z. B. Tierhaare) gründlich saugen – sonst sehen sie bald schmuddelig und abgenutzt aus. Bei Flecken helfen warmes Wasser, Teppichschaum oder ein Fleckentferner. Einmal jährlich empfiehlt sich eine gründliche Reinigung mit Schaum.

**Pflege** Teppich nicht auf frisch gewischte Böden legen, da Feuchtigkeit so nicht abzieht. Aufgerollte Ränder durch feuchtes Baumwolltuch auf kleinster Stufe glattbügeln.

## LINOLEUM / PVC

**Reinigung** Boden absaugen oder fegen, dann mit Universalreinigerlösung nebelfeucht wischen. Flecken mit purem Spülmittel entfernen. Grobe Schwämme oder Scheuermilch hinterlassen Kratzer und Flecken!

**Pflege** Ein Fußabtreter verhindert, dass Sand oder Steinchen den Boden zerkratzen. Linoleum lässt sich bohnern, zeigt aber bald Schlieren. Dasselbe gilt für handelsübliche Glanzreiniger. Risse lassen sich mit Hartparaffin ausbessern.

## FLIESEN

**Reinigung** Trockener, loser Schmutz lässt sich von Fliesenböden problemlos aufsaugen oder aufkehren. Normal verschmutzte Böden wischen Sie anschließend mit warmem Wasser und Universalreiniger. Reicht das nicht aus, hilft ein stärkerer alkalischer oder saurer Reiniger.

**Pflege** Auf spezielle Pflegemittel sollten Sie hier besser verzichten, da diese bei häufiger Anwendung eine klebrige Schicht hinterlassen, die Optik und Trittsicherheit beeinträchtigen kann.

# AUFGEKEHRT?

**EINE BESENREINE WOHNUNG** ist nicht wirklich sauber. Schon nach kurzer Zeit fängt man mit dem Fegen von vorn an.

**BESEN** grundsätzlich hängend aufbewahren – sonst verbiegen sich die Borsten.

Der Besen ist das Mittel der Wahl für Mieter, die nachts Lust auf Hausarbeit haben. Ab 22 Uhr gilt **NACHTRUHE** – Staubsaugerlärm kann zu Ärger mit anderen Bewohnern oder dem Vermieter führen!

**WER FORSCH DEN BESEN SCHWINGT,** tut zwar etwas für die Fitness, wirbelt aber vor allem Staub auf, der anschließend langsam wieder auf Boden und Möbel herabsinkt. Ist dagegen auf einem glatten Boden gröberer Schmutz gelandet, etwa Erde von der Schuhsohle oder Reste des Frühstücksbrötchens, holen Sie nicht erst den Sauger hervor. Das schaffen Sie mit Kehrschaufel und Handfeger.

# WEGGESAUGT!

**SCHNELL UND GRÜNDLICH** geht die Bodenreinigung mit dem Staubsauger. Der Schmutz landet ohne Umwege da, wo er hin soll.

## PROFI-TIPP

Reinigen Sie Polster- sowie (falls vorhanden) Turbo- und Elektrobürste (siehe S. 27) nach jedem Gebrauch mit dem Saugrohr. Das Gestrüpp aus Fäden und Haaren schneiden Sie vorher auf!

Staubbeutel filtern die angesaugte Luft mithilfe von **MIKROPOREN.** Damit sich diese nicht zusetzen und die Saugleistung sinkt, sollten Sie Mehl und anderen Feinstaub besser aufkehren.

Auf Auslegware lassen sich viele Staubsauger bei maximaler **SAUGKRAFT** nur schwer bewegen. Hier besser einen Gang zurückschalten.

**UM MÜHELOS ZU SAUGEN,** stellen Sie zunächst die Kombidüse richtig ein: Borstenkranz ausfahren für harte Beläge wie Parkett und Laminat, Borsten rein für Teppichboden. Verlängern Sie außerdem das Saugrohr so weit, dass Sie aufrecht und in leichter Schrittstellung arbeiten können. Ihr Rücken wird es Ihnen danken! Dann saugen Sie den Boden in langen Streifen langsam ab.

1
2
3
4
5
6
7

# SAUGEN WIE EIN PROFI

Ob mit Beutel oder Box – gute Staubsauger gibt es in beiden Gruppen. Wichtig ist, dass sie Schmutz und Feinstaub in sich behalten. Ist das Gehäuse undicht, nutzt auch der beste Abluftfilter nichts! Vergessen Sie nicht, Beutel und Filter regelmäßig zu wechseln. Wenig Aussagekraft hat die Wattzahl: Muskelprotze sind vor allem im Stromverbrauch spitze. Sauberer saugen sie nicht. Übrigens: Die mitgelieferten Düsen sollten Sie nicht ignorieren, sondern verwenden. Für spezielle Ansprüche gibt es weitere Saughelfer. Beim Kauf aufpassen sollten vor allem Tierhalter: Manche Turbobürste saugt schlechter als die normale Kombidüse.

1 **POLSTERDÜSE:** Ob mit Fadenheber oder Borstenkranz: Die Polsterdüse hilft u.a. beim Absaugen von Polstern, Vorhängen und Matratzen.

2 **PARKETTDÜSE:** Ihr Borstenkranz aus Naturhaar soll Kratzer auf empfindlichen Holzfußböden verhindern.

3 **TURBOBÜRSTE:** Dank rotierender Walzen saugt die Turbobürste tiefsitzenden Schmutz und Tierhaare aus Teppichböden und Polstern.

4 **ELEKTROBÜRSTE:** Mit ihrer motorgetriebenen Bürstenwalze lockert sie Haare, Fusseln und Fäden auf stark verschmutzten Teppichböden, sodass diese sich leichter absaugen lassen.

5 **HEIZKÖRPERBÜRSTE:** Zwischen den Lamellen von Heizkörpern sammelt sich Staub, den Sie mit dieser Bürste beseitigen können. Sie ist zudem gut zum Reinigen von Fugen geeignet.

6 **FUGENDÜSE:** Sie steckt ihren „Rüssel" in enge Zwischenräume, ist stark in Ecken, an Kanten und hinter Möbeln.

7 **SAUGPINSEL:** Mit seinem weichen Bürstenkranz reinigt er empfindliche Oberflächen (Vasen, Schränke, Bilderrahmen), ohne Kratzer zu hinterlassen.

# PERFEKT FENSTERPUTZEN

**STREIFENFREI SAUBER** soll ein frisch geputztes Fenster sein. Dazu braucht es jedoch mehr als Wasser und guten Willen. Wie es richtig geht, zeigen wir hier.

**BLITZ-BLANK** werden Scheiben dann, wenn Sie statt Leitungswasser destilliertes Wasser verwenden.

Putzen Sie bei **LEICHTEM SONNENSCHEIN.** So sehen Sie die Stellen, die Sie nachpolieren müssen. Bei grauem Himmel sind Streifen schwer zu erkennen – und bei knallender Sonne trocknet die Reinigungslösung zu schnell an und hinterlässt Schlieren.

Das Putzwasser entfernen Sie mit einem **ABZIEHER** rückstandsfrei von der Scheibe. Achten Sie darauf, dass die Gummilippe nicht spröde oder schartig ist – dann sind Sie ruckzuck fertig!

Praktisch zum Auftragen der Reinigungslösung ist ein **EINWASCHER,** wie ihn Profis verwenden. Clever: Viele Modelle haben auf ihrer Rückseite gleich einen Abzieher.

Vorsicht mit Topfschwämmen: Deren Vliesseite kann so hart sein, dass sie Scheibe oder Kunststoffrahmen zerkratzt. Besser ist ein Lappen oder **SCHWAMM** ohne Vlies.

## PROFI-TIPP

Pflegen Sie einmal im Jahr die Gummidichtungen mit etwas Talkumpuder, damit sie nicht spröde werden.

**JE ÖFTER, DESTO BESSER** Wer mit dem Fensterputzen nicht wartet, bis er kaum noch durchsieht, ist eindeutig im Vorteil. Bevor Sie sich jedoch Scheiben und Rahmen vornehmen, rücken Sie im Weg stehende Möbel und Blumentöpfe zur Seite. Stellen Sie, falls nötig, einen Klapptritt oder eine Leiter auf. Ziehen Sie rutschfeste Schuhe mit Profilsohle an, die den Fuß umschließen – keine Sandalen oder Hausschuhe! Achtung, Absturzgefahr: Beugen Sie sich nicht seitlich über den Leiterrand! Steigen Sie besser ab und rücken die Leiter weiter.

**1. PUTZHELFER VORBEREITEN** Eimer mit warmem Wasser, Universalreiniger, Reinigungslösung (siehe S. 13), weicher Pad-Schwamm, Mikrofasertücher, Abzieher oder Fensterleder, Handfeger.

**2. FENSTERRAHMEN UND -BÄNKE KEHREN** Kehren Sie Staub und anderen losen Schmutz von Fensterrahmen und -bänken (jeweils innen und außen) ab. Entfernen Sie dabei auch Spinnweben.

**3. FENSTERRAHMEN ABWISCHEN** Wischen Sie mit dem feuchten Tuch und etwas Universalreiniger zuerst den inneren, dann den äußeren Fensterrahmen ab. Falls nötig, wechseln Sie das Wasser!

**4. FLECKEN BESEITIGEN** Auf Kunststoffrahmen anhaftenden Schmutz entfernen Sie mit Tuch oder Schwamm. Hartnäckige Flecken weichen Sie ein und lösen sie mit dem Schwammvlies.

**5. REINIGUNGSLÖSUNG AUFTRAGEN** Waschen Sie mit Lappen oder Einwascher den Schmutz von der Scheibe. Vermeiden Sie dabei zu viel Schaum – der schmiert nur. Lösung nicht antrocknen lassen!

**6. SCHEIBE TROCKNEN** Von oben links beginnend den Abzieher horizontal in überlappenden Bahnen über die Scheibe ziehen. Gummilippe nach jeder Bahn mit einem Tuch trockenwischen.

**7. SCHEIBE POLIEREN** Feuchtigkeitsreste mit dem Fensterleder oder Küchenpapier beseitigen und Scheibe dann mit einem trockenen Tuch polieren. Vergessen Sie Ecken und Kanten nicht!

**8. AUSSENSEITE PUTZEN** Reinigen Sie anschließend nach demselben Muster die Außenseite der Fensterscheibe. Wischen Sie die Fensterbänke feucht ab und entfernen Sie Spritzer vom Fußboden.

# MATSCHSCREEN?

**SMARTPHONES, TABLETS UND NAVIS** werden per Fingertipp bedient. Und so sieht ihr Display dann auch aus.

**VORSICHT, ANSTECKUNGSGEFAHR!** Viele finden bereits Schmierspuren und Fingerabdrücke so eklig, dass sie nie ein fremdes Smartphone benutzen würden. Displays sind Brutstätten für Keime, die Krankheiten übertragen. Regelmäßiges Putzen ist angesagt – doch aufgepasst: Glasreiniger, Spülmittel, Seifenlauge oder Alkohol können die fettabweisende Oberfläche beschädigen.

# TOUCHSCREEN!

**DIE MEISTEN SPUREN** lassen sich mit einem trockenen Tuch beseitigen. Ist das Gerät ausgeschaltet, sieht man sie besser.

**ZUR PFLEGE DER SMARTEN BILDSCHIRME** eignen sich Reinigungstücher, wie sie etwa für Computermonitore erhältlich sind. Achten Sie aber darauf, dass diese keine Reinigungsmittel enthalten. Stark gegen Schmutz und Fett wirken feine Mikrofasertücher zum Putzen von (Sonnen-)Brillen. Grobe Partikel sollten Sie jedoch vorher sanft entfernen, damit sie nicht das Display zerkratzen!

# SCHARF GESCHRUBBT?

**NICHT DIE NERVEN VERLIEREN!** Auch wenn verkrustete Kalkränder einen schier zum Wahnsinn treiben – wer allzu schweres Geschütz auffährt, richtet auf Dauer Schaden an.

**VERKRUSTETER KALK** an chromglänzender Badarmatur – eine unschöne Angelegenheit. Bevor Sie jedoch die Chlorreiniger-Keule schwingen und eifrig mit dem groben Mikrofasertuch herumschrubben, sollten Sie bedenken, dass die meisten Badarmaturen einen empfindlichen Messingkern besitzen, der nur dünn vernickelt oder verchromt ist. Wird die glänzende Hülle verletzt, rostet der Kern.

# SANFT GEREINIGT!

**SELBST HARTNÄCKIGE KALKSPUREN** lassen sich schonend beseitigen. Das Stichwort lautet Zitronensäure.

Dicke Kalkschichten vor dem Putzen mit einem **BIMSSTEIN** aufrauen, damit die Zitronensäure eindringen kann.

## BESSER NICHT!

Reinigungsmittel nie direkt auf die Armatur sprühen! Eindringender Sprühnebel könnte den Messingkern beschädigen.

**RESTE VON ZAHNPASTA UND KOSMETIKA** spülen Sie mit klarem Wasser ab – und reiben die Armatur mit einem Baumwoll- oder feinen Mikrofasertuch trocken. Seifenreste entfernen Sie mit Scheuermittel. Gegen Kalkschleier hilft ein Tropfen Handseife auf einem feuchten Lappen. Verkrustungen weichen Sie mit einem in Zitronensäurelösung getränkten Stück Haushaltspapier ein.

# RIECHT SAUBER?

**WC-STEINE UND DUFTSPÜLER** sorgen angeblich für Wohlgeruch und Sauberkeit. Fast könnte man da das Putzen vergessen.

**ZITRUS, MEERESBRISE, BERGFRISCHE** – Duftspüler erwecken den Eindruck, man müsse sie nur ins WC-Becken hängen und könne sich dann zurücklehnen. Doch auch Zwei-Phasen-Wirkstoffe und Chlor-Kraftkugeln können eine gründliche Reinigung von Hand nicht ersetzen. Im Gegenteil: Ihr künstlicher Duft überdeckt den Geruch der Toilette und verhindert rechtzeitiges Putzen.

# IST SAUBER!

**KALK UND URINSTEIN** heißen die Hauptfeinde beim Toilettenputz. Nur wer sie regelmäßig bekämpft, kann sie in den Griff bekommen.

Auch die **WC-BÜRSTE** sollten Sie nicht zu reinigen vergessen. Stellen Sie sie dazu während der Einwirkzeit ins Becken und geben Sie einen Extra-Spritzer Reiniger darauf. Beim Spülen brausen Sie die Bürste dann einfach mit ab.

## EXTRA-TIPP!

Wählen Sie eine WC-Bürste mit einem kleinen Extra-Bürstchen an der Seite. Damit kommen Sie unter den Beckenrand und können dem Schmutz dort zu Leibe rücken.

**SPÄTESTENS WENN SICH** Ablagerungen zeigen, braucht Ihr WC eine Abreibung: Dazu spritzen Sie WC-Reiniger ins Becken und unter den Rand. Während der Reiniger einwirkt, wischen Sie Deckel, Brille sowie die Beckenaußenseite mit einem Lappen oder Badschwamm und Neutralreiniger gründlich ab. Dann schrubben Sie das Becken mit der WC-Bürste. Am Ende spülen – fertig!

# POWER-REINIGER?

**EIN FUSSBAD BEIM DUSCHEN?** Kein Wellness-Trend, sondern eher Folge eines verstopften Abflusses. Also her mit dem Kraftschaum?

**HAARE, FETT, ESSENSRESTE** – so genau wollen viele gar nicht wissen, was da alles im Abfluss von Waschbecken, Spüle und Duschkabine lauert. Der ist schnell verstopft, er stinkt, und manchmal blubbert er auch. Hilfe versprechen Granulate, Gels und Power-Schäume. Leider sind sie meist wirkungslos. Mehr noch: Durch Granulat kann sich das Abflussrohr sogar endgültig zusetzen.

# REINIGUNGS-POWER!

**DAS ARBEITEN MIT DER SAUGGLOCKE** (alias Pümpel) erfordert zwar Kraft und Technik, liefert aber die besseren Ergebnisse.

Schütten Sie ein Glas Spülmittellösung in den Abfluss und dichten Sie den Überlauf ab. Setzen Sie dann die **SAUGGLOCKE** auf und drücken Sie sie herunter. Lassen Sie Wasser ein, sodass beim Anheben der Glocke der Abfluss geflutet wird, und bewegen den Stab zügig auf und ab!

Falls alles nichts hilft, schrauben Sie den Siphon unter dem Becken ab und reinigen das U-Stück per Hand. Wenn der Pfropfen erst einmal **WEITERWANDERT** und sich in einer Biegung des Abwasserrohres verklemmt, muss ein Profi ran!

**VERSTOPFT IST MEIST DER SIPHON.** So heißt das wassergefüllte U-Stück unter dem Abfluss. Oft hilft die Saugglocke. Wenn nicht, versuchen Sie es mit einer Abflussbürste. Die langen, biegsamen Bürsten gibt es auch als Set in diversen Größen zu kaufen. Schieben Sie ein passendes Modell so weit es geht durch die Abflussöffnung und bürsten Sie, was das Zeug hält! Kaputtgehen kann nichts.

# EINGEÖLT?

**MÖBEL AUS MASSIVHOLZ** brauchen besondere Pflege. Wie so oft im Leben ist allerdings auch hier zu viel des Guten ungesund.

Damit der Lack nicht beschädigt wird, nehmen Sie verschüttete **FLÜSSIGKEITEN,** Fettspritzer und sonstige Flecken sofort mit einem Tuch auf. Vermeiden Sie unbedingt den Kontakt mit flüssigem Klebstoff und Nagellack!

Möbel mit geölter oder gewachster Oberfläche vertragen keine **ALKALISCHEN** und sauren Reinigungsmittel. Reinigen Sie sie mit einem kräftig ausgewrungenen Baumwolltuch und etwas Neutralreiniger und trocknen Sie sofort nach.

Die Lackschicht kann durch Sonnenlicht, aber auch Halogenspots **AUSBLEICHEN** und spröde werden. Möbel sollten deshalb möglichst an einem schattigen Platz stehen und keiner Lichtquelle ausgesetzt sein.

**LACKIERTE OBERFLÄCHEN** brauchen keinen Nachschub an schützenden Substanzen – das erledigt schon der Lack. Wer es mit Pflegeprodukten übertreibt, riskiert, dass die enthaltenen Öle die Lackschicht anlösen und weichmachen. Im schlimmsten Fall dringen sie bis zum Holz vor und hinterlassen hässliche Spuren. Zu viel Wachs bildet auf dem Lack eine Schicht, die Schmutz bindet.

# AUFPOLIERT!

**DIE OPTIMALE PFLEGE** beseitigt den Schmutz und schont den Lack. Richtig behandelt, glänzen die guten Stücke wie neu.

**REGELMÄSSIGES ABSTAUBEN VERHINDERT,** dass sich eine Schmutzschicht bildet. Um keinen Staub aufzuwirbeln, eignet sich ein nebelfeuchtes Tuch. Bei normaler Verschmutzung reicht klares Wasser aus. Fingerabdrücke verschwinden, wenn man ein wenig Spiritus beimischt. Möbelstück dann mit einem weichen Tuch und eventuell etwas Bienenwachs polieren, bis die Oberfläche seidig glänzt.

# PERFEKTE SCHUHPFLEGE

**SCHMUTZ UND NÄSSE** setzen Lederschuhen zu. Wer sie regelmäßig aufmöbelt, beschert ihnen ein langes Leben – und sich selbst einen starken Auftritt.

**REINIGUNGSSCHAUM** für Rauleder wird mit dem integrierten Schwamm oder einer Multifunktionsbürste aufgetragen.

**SOFORTGLANZ** ist optimal, wenn's schnell gehen soll: mit dem Schwamm einmal rundherum fahren – fertig!

Zum Polieren benötigen Sie eine **WEICHE BÜRSTE** pro Farbe. Profis ziehen einen Seidenstrumpf darüber.

Eine **SCHMUTZBÜRSTE** mit etwas härteren Borsten (z. B. Rosshaar) benutzen Sie für die Vorreinigung.

Ihre Kleidung schützen Sie mit einer **SCHÜRZE.**

Zur Standardausrüstung gehört Schuhcreme in allen Lederfarben – entweder **HARTWACHSPASTE** oder **EMULSIONSCREME.**

Die hohe Schule ist es, **SCHNÜRSENKEL** als Ersatz vorrätig zu haben. Sie werden sich lieben!

**ZWEI ESSENZIELLE REGELN VORAB:** Nehmen Sie sich Ihre Treter nur im trockenen Zustand vor und legen Sie sie zum schnelleren Trocknen nie auf die Heizung – die Hitze trocknet das Leder aus. Für Schuhe aus Glattleder gilt: Schuhcreme lieber mehrmals dünn als einmal dick auftragen und mindestens 15 Minuten einziehen lassen. Dann entfernen Sie Reste der Creme mit einem Lappen und polieren die Schuhe. Spucken ist dabei erlaubt, denn Speichel sorgt aufgrund seiner Enzyme tatsächlich für mehr Glanz. Übrigens: Schneeränder verschwinden, wenn Sie den Schuh mit warmem, destilliertem Wasser abwischen, trocknen lassen und dann ganz normal putzen.

# IGNORIEREN?

**NUR MAL KURZ DIE KÜCHE VERLASSEN** – schon ist etwas übergekocht, und auf dem Herd prangt eine hässliche Kruste.

Drehen Sie Töpfe vor dem Kochen ruhig um und prüfen Sie, ob ihr Boden sauber und glatt ist. Anhaftende **SCHMUTZRESTE** können Glaskeramik-Felder zerkratzen. Dasselbe gilt übrigens für Scheuermilch und Edelstahlschwämme!

**BESSER NICHT!**

Nie auf dem Kochfeld schneiden – kleine Kratzer verderben die Optik, tiefere erhöhen die Bruchgefahr!

**KOCHFELDER AUS GLASKERAMIK** sehen gut aus, reagieren fix auf Temperaturwechsel und sind hervorragende Wärmeleiter. Kocht jedoch Nudelwasser oder Milch über, kann die Flüssigkeit auf und neben dem Kochfeld verkrusten und einbrennen. Faustregel: Das Kochfeld vor dem Putzen abkühlen zu lassen ist okay – damit tagelang zu warten oder das Feld erneut zu benutzen rächt sich!

# ATTACKIEREN!

**GEGEN KRUSTEN UND FLECKEN GERÜSTET** ist, wer einen Kochfeldschaber besitzt. Seine Metallklinge lässt schwarzen Rändern keine Chance.

Induktionskochfelder haben ebenfalls eine Oberfläche aus **GLASKERAMIK**. In Bereichen neben dem Topfboden kann bei ihnen jedoch nichts einbrennen.

## ACHTUNG!

Wer den Topf zu früh wegzieht, verschmiert Rückstände auf der heißen Kochstelle, wo sie erst recht einbrennen.

**ERTÖNT DAS VERDÄCHTIGE BRUTZELN,** drehen Sie sofort die Hitze herunter und wischen mit einem feuchten Lappen vorsichtig um das heiße Kochfeld herum. Nehmen Sie den Topf erst nach dem Erkalten der Kochzone herunter! Dann entfernen Sie Verkrustungen mit dem Schaber, säubern die Stelle mit etwas Universalreiniger oder Spülmittel, wischen klar nach und reiben alles trocken.

# Eingebrannt 1: Im Backofen

**KLAPPE ZU, PROBLEM GELÖST?** Dann vergeht Ihnen schnell der Appetit: Eingebrannte Essensreste im Backofen sehen übel aus und stinken. Geben Sie sich einen Ruck und kratzen Sie die Krusten mit einem Kochfeldschaber ab. Danach lassen Sie Spülmittellösung aus einer Schüssel 30 Minuten bei 100 Grad verdunsten oder streichen den Innenraum über Nacht mit einer zähen Paste aus Wasser und Natron ein. Den Ofen dann schrubben und gründlich auswischen (siehe auch S. 13).

# Eingebrannt 2: Auf dem Grillrost

**IM BACKOFEN GRILLEN** – eine prima Idee. Leider sieht der Rost anschließend auch so aus: Steaks, Chicken Wings, aber auch Gemüse und die leckere Dorade hinterlassen Spuren. Wer auf Power- oder Glaskeramikreiniger verzichten kann, rückt den Rückständen mit einer Natron-Wasser-Paste (siehe links) zu Leibe. Dabei leistet ein Edelstahlschwamm oder eine Bürste mit Messingborsten unschätzbare Dienste. Zum Schluss wird der Ofenrost mit etwas Spülwasser gefinisht.

## Eingebrannt 3: Unterm Bügeleisen

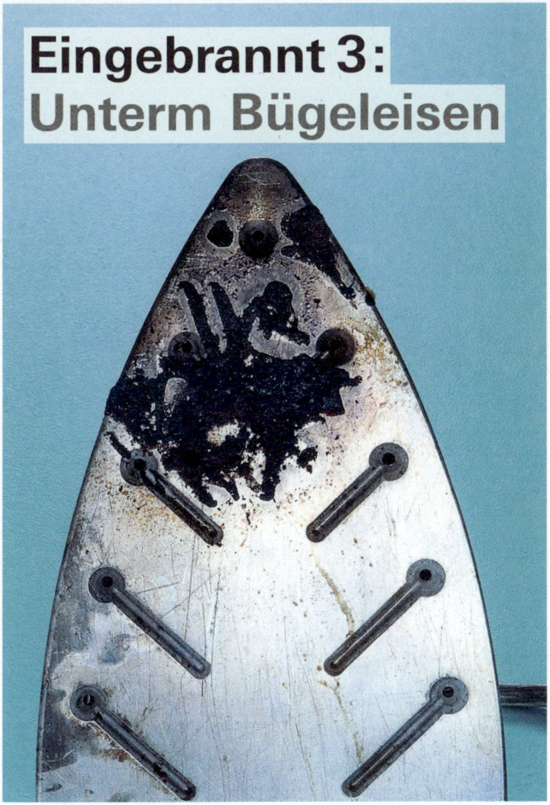

## Eingebrannt 4: In der Bratpfanne

**DIE SOHLE EINES DAMPFBÜGELEISENS** ist meist antihaftbeschichtet. Textil-, Gummi- und andere Rückstände lassen sich nach dem Abkühlen mit einem trockenen Tuch entfernen. Klappt das nicht, helfen meist ein weicher Edelstahlschwamm oder ein paar Tropfen Essigreiniger oder Zitronensäure auf einem feuchten Lappen. Sie können auch etwas Kochsalz auf einen Wattebausch streuen und die Sohle damit abreiben. Gummirückstände lassen sich oft mit einem Radiergummi beseitigen.

**AUF KEINEN FALL ABKRATZEN!** Ist die Pfanne beschichtet, behandeln Sie Verkrustungen mit warmem Wasser und eventuell etwas Spülmittel. Ist das Fett dagegen schwarz eingebrannt, kommen Sie nicht umhin, mit einem Schwamm nachzuhelfen, der die Beschichtung nicht zerkratzt. Alternative: In die noch warme Pfanne 1 bis 2 Zentimeter warmes Wasser und etwas Spülmittel oder Spülmaschinenpulver geben, das Ganze einige Minuten aufkochen oder über Nacht einweichen.

# RATTENSNACK?

**KLEINERE ESSENSRESTE AUFZUHEBEN** lohnt sich meist nicht. Sie ins Klo zu kippen ist aber erst recht keine Lösung.

**FESTE BESTANDTEILE WIE** Fleisch, Gemüse und Klöße bleiben oft im Abflussrohr stecken. Mit der Zeit lagern sich dort auch fetthaltige Saucen- und Suppenreste ab. Abfälle, die es bis in die Kanalisation schaffen, sind ein Festmahl für Ratten. So mancher Nager kam dadurch schon auf den Geschmack und landete auf der Suche nach Leckerbissen im Abflussrohr oder WC-Becken.

# RESTMÜLL!

**WAS NICHT FÜRS RESTEESSEN TAUGT,** ist ein Fall für den Komposthaufen oder gehört in den Müll.

**AB IN DIE TONNE** – doch in welche? Mancherorts dürfen Reste zubereiteter Lebensmittel in die Biotonne. Besser aufgehoben sind sie aber im Restmüll. Nehmen Sie Öle, Fette sowie Suppen- und Saucenreste vorher mit Küchenpapier auf, um die Feuchtigkeit zu binden. Größere Mengen, etwa Öl aus der Fritteuse, geben Sie in einem verschlossenen Schraubglas oder Gefrierbeutel in den Müll.

## Müllirrtum 1: Abfälle zu trennen lohnt sich nicht.

**... DIE ENTSORGER SCHÜTTEN SOWIESO ALLES WIEDER ZUSAMMEN,** um ihre für viel Geld gebauten Müllverbrennungsanlagen auszulasten. So weit das Vorurteil. Richtig ist: Verbrannt wird, was in der Restmülltonne landet. In die Verbrennungsanlage wandert auch ein Teil des Verpackungsmülls. Dagegen wird der Inhalt der Biotonne kompostiert oder in Vergärungsanlagen zu Biogas verarbeitet. Altglas, Papier und Kunststoff werden so weit wie möglich wiederverwertet – diese Stoffe kehren also zurück in den Recycling-Kreislauf.

## Müllirrtum 2: Altpapier kann auch in den Restmüll.

**... DER INHALT DER GRAUEN TONNE WIRD OHNEHIN NOCH MAL SORTIERT.** Falsch. Restmüll zu sortieren wäre viel zu aufwendig und teuer. So ist etwa Zeitungspapier in aller Regel derart durchfeuchtet und verschmutzt, dass die beste Sortieranlage überfordert wäre. Dort lassen sich mit Hilfe von Magneten lediglich Bestandteile aus Metall herausfiltern. Der Rest wird verbrannt, und die übrigbleibende Schlacke landet als Zuschlagstoff im Straßenbau. Fazit: Soll Altpapier recycelt werden, muss es in der blauen Tonne landen!

# Müllirrtum 3: Altglas farblich zu sortieren ist Unfug.

**... DA WEISSES UND FARBIGES GLAS IM SELBEN LKW LANDEN.** Richtig ist, dass Tonnen und Iglus in ein und dasselbe Fahrzeug geleert werden. Dieses verfügt jedoch über getrennte Kammern. Auch in der Aufbereitungsanlage bleiben weißes und farbiges Glas strikt getrennt, damit daraus ohne Qualitätsverlust Recycling-Glas entstehen kann. Glas lässt sich beliebig oft einschmelzen und zu Flaschen und Gläsern verarbeiten. Übrigens: Fremdstoffe wie Verschlüsse und Etiketten werden bei der Aufbereitung aussortiert.

# Müllirrtum 4: Joghurtbecher erst sauber ausspülen.

**... SONST LÄSST SICH DER KUNSTSTOFF NICHT RECYCELN.** Falsch. Spülen wäre in diesem Fall reine Wasserverschwendung. Es genügt, wenn Plastikbecher und andere Kunststoffverpackungen „restentleert" beziehungsweise „löffelrein" sind. Vor ihrer stofflichen Verwertung werden die Verpackungen ohnehin noch einmal gereinigt – was nicht heißt, dass man halbvolle Becher wegwerfen soll. Wer der Sortieranlage die Arbeit erleichtern will, entsorgt Joghurtbecher nicht gestapelt und entfernt vorher auch die Alu-Deckel.

# FEUCHTGEBIET?

**VOR ALLEM IM SOMMER** herrscht in vielen Biotonnen tropisches Klima. Das zieht ungebetene Gäste magisch an.

**EIN SONNIGER STANDORT,** ein undichter Deckel und lose Küchenabfälle – da lassen sich Frucht-, Stuben- und Schmeißfliegen nicht lange bitten. Prompt legen sie ihre Eier in der warmen, feuchten Biotonne ab. Über Nacht entwickeln sich daraus weiße Larven. Ein hygienisches Problem ist das nicht – aber wer möchte zum Verwesungsgeruch auch noch das große Krabbeln haben?

# TROCKENZONE!

**MIT EIN PAAR HANDGRIFFEN** lässt sich die Tonne trockenlegen und der Gestank neutralisieren.

**ES BEGINNT IN DER KÜCHE:** Sammeln Sie organische Abfälle in einem geschlossenen Gefäß und wickeln Sie sie zum Entsorgen in Zeitungspapier ein. Stellen Sie die Biotonne an einen kühlen, schattigen Ort und lassen Sie nicht den Deckel offen! Zum Aufsaugen der Flüssigkeit im Inneren der Tonne eignen sich auch Säge- oder Hobelspäne, holzige Gartenabfälle oder Gesteinsmehl.

## WAS GEHÖRT IN WELCHE MÜLLTONNE?

**Der Müll, den wir alle produzieren,** lässt sich nur aufbereiten und wiederverwenden, wenn die verschiedenen Materialien sauber voneinander getrennt werden. Da es regionale Unterschiede gibt, was in welchen Behälter gehört, erkundigen Sie sich am besten beim Entsorger – oder lesen auf der Tonne nach.

**Weniger Müll hilft der Umwelt,** deshalb lohnt es sich etwa, beim Einkauf auf Plastiktüten zu verzichten, auf Mehrweg- und Nachfüllpackungen zu setzen, öfter mal Sachen zu reparieren oder sie sich auszuleihen, statt sie zu kaufen.

## RESTMÜLL

**Das darf rein …**
Hygieneartikel, Windeln, Tierstreu, Kerzen, Leder, Haare, Asche, Kehricht, Staubsaugerbeutel, eingetrocknete Farben, Keramik, Porzellan, Spiegel- und Fensterglas, Glühlampen, Verbundverpackungen, beschichtetes und verschmutztes Papier, abgelaufene Medikamente.

**… und das nicht**
Küchenabfälle (Biotonne), Sperrmüll, CDs, Elektroschrott, Energiesparlampen (Wertstoffhof), Batterien/Akkus (Rücknahmesystem im Einzelhandel), Altkleider und Schuhe (Kleidercontainer).

## BIOABFÄLLE

**Das darf rein …**
organische Küchenabfälle (Reste und Schalen von Kartoffeln, Obst, Eiern etc.), Lebensmittelreste, abgelaufene Lebensmittel ohne Verpackung, Essensreste (je nach Versorger), Küchenkrepp, Kaffeefilter, Teebeutel, Gartenabfälle (Laub, Rasen-, Strauchschnitt).

**… und das nicht**
Müllbeutel und Plastiktüten, je nach Entsorger auch Bio-Mülltüten, Styropor (Verpackungen), Katzenstreu, Asche, Erde, Sand, Steine, Zigarettenkippen (Restmüll).

## PAPIER

**Das darf rein …**
Zeitungen, Zeitschriften, Kataloge, Prospekte, Kartons (ohne breite Klebebänder), Bücher, Hefte, Schreibpapier, Spiralblöcke (ohne Metallspirale), Eierkartons, Briefumschläge, Zettel, Papierrollen von Toiletten- und Küchenpapier.

**… und das nicht**
Saft- und Milchkartons (Verpackungen), beschichtetes Papier, Faxpapier, Thermodrucker- und Kohlepapier sowie Tapetenreste (Restmüll).

## VERPACKUNGEN

**Das darf rein …**
Kunststoffverpackungen wie Margarine-, Joghurt- und Sahnebecher, Schalen von abgepacktem Obst/Gemüse und Wurst, leere Chipstüten, Konserven- und Getränkedosen, leere Spraydosen, Kunststofffolien, Waschmittel- und Weichspülerflaschen, Alufolie.

**… und das nicht**
Plastikbecher vom Feinkoststand, Medikamente, Seile, Bänder, Netze, Plastikspielzeug, Töpfe, Videobänder (Restmüll).

## ALTGLAS

**Das darf rein …**
Flaschen (Saft, Wein, Essig, Öl etc.), Gläser (Marmelade, Senf, Konserven), sonstige Verpackungen aus Glas (z.B. Parfüm-Flakons), nach Möglichkeit alle ohne Deckel bzw. Verschluss einwerfen.

**… und das nicht**
Trinkgläser, (Blei-)Kristall, Fenster- und Spiegelglas, Keramik, Steingut und Porzellan, Glühlampen, leere Behälter aus anderen Materialien (Restmüll), Energiesparlampen (Wertstoffhof).

# Wäsche + Geschirr

**Wie werden Geschirr und Wäsche richtig sauber?** Was für eine Frage: Das erledigen Maschinen für uns – und passende Pulver, Tabs und Gels. Das ist bequem, nur leider kann einiges schiefgehen: T-Shirts verfärben sich, Pullis laufen ein, Gläser werden fleckig. Ersparen Sie sich unnötigen Ärger und schließen Sie nähere Bekanntschaft mit Waschmaschine, Trockner und Geschirrspüler. Dann klappt auch alles ohne Mühe und Malheur.

# TOP-SPRINTER?

**DAS KURZPROGRAMM DER WASCHMASCHINE** heißt – je nach Hersteller – „Super Intensiv“, „Speed Perfect“ oder schlicht „Kurz“. Es spart Zeit, geht aber gehörig ins Geld.

Für stärker verschmutzte Wäsche eignen sich Kurzprogramme ohnehin nicht. In der **KURZEN ZEIT** können viele Waschmittel gar nicht ihr volles Potenzial entfalten.

Das EU-Energielabel (siehe auch S. 210) gibt Aufschluss über Strom- und **WASSERVERBRAUCH** – allerdings nur für Standardprogramme. Ein A+++ heißt also nicht, dass auch Kurzprogramme sparsam sind.

**LEUTE VON HEUTE HABEN ES EILIG.** Waschen Sie auch öfter mal mit Höchstgeschwindigkeit? Klar, wer will schon stundenlang auf die Wäsche warten. Dass die Maschine dabei deutlich mehr Wasser und Strom verbraucht, bleibt erst mal unbemerkt. Erst im Folgejahr, wenn der Versorger eine satte Nachzahlung verlangt, kommt dann das böse Erwachen. Kurz gleich sparsam? Irrtum!

# TOP-SPARER!

**EINE STELLSCHRAUBE FÜR SCHLAUE** ist der Stromverbrauch. Das bedeutet: Standard- und vor allem Eco-Programme nutzen.

Nur bei großen, sehr schmutzigen Textilien wie Tierdecken und Arbeitskleidung ist eine **VORWÄSCHE** nötig. Im Alltag reicht der Hauptwaschgang. Das spart Wasser, Strom und Zeit.

Effizient wäscht, wer die Trommel **VOLL BELÄDT**. Moderne Maschinen senken zwar bei halber Beladung Wasser- und Stromverbrauch – allerdings nicht um die Hälfte. Nur empfindliche Wäsche braucht mehr Platz, um nicht zu knittern.

**JE LÄNGER, DESTO GÜNSTIGER** lautet das Motto, wenn es um die Wahl des richtigen Waschprogramms geht. Bereits Standardprogramme sind gegenüber Kurzwäschen deutlich sparsamer. An der Spitze aber liegen Eco-Programme. Weil sie die Waschlauge weniger aufheizen, müssen sie allerdings für dasselbe Ergebnis länger waschen. Das kann dann schon mal drei Stunden dauern.

# KOCHEND HEISS?

**DAMIT ES SAUBER WIRD,** gleich mal eine Temperaturstufe höher waschen? Vorsicht: Das ist nicht nur teuer, es schadet auch der Wäsche.

Wäsche bei 90 Grad zu waschen ist nur erforderlich, wenn im Haushalt ansteckende **KRANKHEITEN** grassieren oder Pflegebedürftige besondere Hygiene erfordern.

Für hygienische **SAUBERKEIT** sorgen Standardprogramme bei 60 Grad und Vollwaschmittel in Pulverform. Die Bleichmittel helfen, Krankheitskeime zu beseitigen.

**ZWAR BELEGEN TESTS,** dass Waschmaschinen vor allem im Energiesparmodus nicht die versprochenen 60 Grad erreichen. Für die Sauberkeit spielt das jedoch meist keine Rolle. Im Gegenteil: Wer zu heiß wäscht, verpulvert unnötig Energie. Damit nicht genug: Wenn Sie Pech haben, laufen Ihre Sachen bei zu hohen Temperaturen ein oder verlieren Form und Farbe.

# AUSREICHEND WARM!

**EINE GUTE ORIENTIERUNG** gibt das Pflegekennzeichen. Die darauf genannte Waschtemperatur reicht in der Regel völlig aus.

Normal verschmutzte Wäsche am besten bei 40 Grad waschen! Das reicht meist völlig aus, und die **KOSTEN SINKEN** spürbar.

Läuft die Maschine immer nur bei 30 oder 40 Grad, können sich **KEIME** stark vermehren. Streuen Sie deshalb etwa alle zwei Wochen eine 60-Grad-Wäsche ein.

**FEINES UND WOLLE** waschen Sie bei höchstens 30 Grad. Für Buntes genügen 40 Grad, für weiße Wäsche, Unterwäsche und Handtücher 60 Grad. Moderne Waschmittel wirken bereits bei diesen Temperaturen mit voller Kraft. Bei 60 Grad sterben auch die meisten Krankheitskeime ab. Das ist besonders wichtig, wenn ein Familienmitglied unter Durchfall oder einer Pilzerkrankung leidet.

# WASCHEN WIE EIN PROFI

Hand aufs Herz: Wer weiß genau, was seine Waschmaschine kann? Schon klar: Steht alles in der Gebrauchsanleitung. Dumm nur, dass der erste Blick in die Anleitung meist auch der letzte ist. Die Funktionsvielfalt der Maschine bleibt damit weitgehend ungenutzt. Wer sich dagegen Zeit nimmt und zu den Feinheiten vordringt, wird mit sauberer Wäsche belohnt, an der er lange Freude hat. Mehr noch: Entdeckertypen können viel Geld für Strom und Wasser sparen und schonen dadurch auch die Umwelt. Also: Anleitung rauskramen und lesen!

## VERWIRRENDE VIELFALT

Über den Wascherfolg entscheiden vier Faktoren: Zeit, Temperatur, Mechanik und Waschmittel. Das ist bei der Handwäsche nicht anders – nur dass die Mechanik hier im Schrubben der Wäsche besteht, während das in der Waschmaschine die rotierende Trommel übernimmt.

In jedem Fall müssen unsere vier Faktoren optimal zusammenwirken. Wie das im Einzelfall aussieht, hängt von der Wäsche ab, genauer gesagt, von Material, Farbe und Verschmutzungsgrad.

Auf der Basis dieser Überlegungen haben die Hersteller unzählige Waschprogramme entwickelt. Doch welches ist das richtige? Antwort: Kommt darauf an. Vor der Auswahl des Programms ist ein wenig Vorarbeit nötig. Zuallererst gilt es, den heimischen Wäscheberg zu sichten.

## SCHRITT 1: WÄSCHE SORTIEREN

Dass Unterhosen und T-Shirts nicht in die gleiche Wäsche gehören wie der Wollpullover oder die Seidenbluse, ist klar. Doch jedes Stück einzeln zu waschen ist auch Unsinn. Deshalb trennen Sie zunächst weiße und bunte Wäsche. Eine Unterteilung nach Farben ist nicht nötig, denn Colorwaschmittel besitzen einen Farbschutz und wirken dem Abfärben entgegen.

Feine und empfindliche Wäsche sollten Sie dagegen herausfiltern. So stellen Wolle und Seide eigene Ansprüche an Waschmittel, Wassermenge, Waschzeit und Schleudergeschwindigkeit. Manche Sachen sind zudem in speziellen Programmen zu waschen, etwa Oberhemden im Pflegeleicht-Programm. Wenig verschmutzte, feine Sachen gehören nicht mit stark verschmutzten Textilien in einen Topf. Klingt verwirrend? Keine Angst: Es gibt ja noch die Pflegekennzeichen (siehe S. 65). Tipp: Draufschauen, übersetzen, dran halten!

**SCHRITT 2: WÄSCHE LADEN**
Grundsätzlich sollte die Waschtrommel gut gefüllt, aber nicht überladen sein. Ist die Maschine zu leer, verschwenden Sie Wasser und Strom. Ist sie zu voll, kann sich das Gemisch aus Wasser und Waschmittel nicht optimal verteilen. Beladen Sie die Maschine stets mit der für das jeweilige Programm zulässigen Höchstmenge. Wer Probleme hat, das abzuschätzen, kann seine Sachen auch trocken wiegen. So bekommen Sie mit der Zeit ein Gefühl dafür.

**SCHRITT 3: WASCHMITTEL EINFÜLLEN**
Wir sehen vor uns: drei leere Fächer. Sie befinden sich in einer herausgezogenen Schublade. Die drei Fächer sollen Waschmittel aufnehmen – und zwar in der auf der Packung beschriebenen Dosierung. Doch welches Fach ist wofür? Die eingeprägten Symbole sind oft nur mit Lupe oder Taschenlampe zu erkennen. Meist folgt die Anordnung der Fächer dem Waschprozess: Vorwäsche, Hauptwäsche, Spülen. Für normale Waschgänge reicht es aus, das Fach für die Hauptwäsche zu befüllen. Eine Vorwäsche ist in der Regel entbehrlich – Weichspüler ohnehin!

**SCHRITT 4: PROGRAMM WÄHLEN**
Endlich geht es los. Falls erforderlich, Wasserhahn aufdrehen und den Programmschalter ins Visier nehmen. Die gute Nachricht: Grundsätzlich gibt es nur fünf Programmtypen: Koch- und Buntwäsche, Pflegeleicht, Feinwäsche und Wolle. Sie unterscheiden sich in Bezug auf Waschtemperatur und Wassermenge. Speziell zugeschnitten sind auch die Rotationsbewegungen der Trommel, die Anzahl der Spülgänge sowie Dauer und Geschwindigkeit des Schleuderns. Mit diesen fünf Programmen kommt man schon relativ weit.

Moderne Waschmaschinen bieten darüber hinaus Energiespar- und Kurzprogramme, Programme für halbvolle Trommeln und sogar für einzelne Materialien und Textilien – seien es dunkle Wäsche, Jeans, Oberhemden, Gardinen oder auch Kuscheltiere. Hinzu kommen Hygieneprogramme, bei denen die Temperatur länger gehalten wird, und Programme, die sich nach der Trommelrotation unterscheiden: Vom Intensiv- über den Schon- bis hin zum Handwasch-Rhythmus ist (fast) alles möglich.

**SCHRITT 5: MASCHINE PFLEGEN**
Reinigen Sie einmal im Monat das Flusensieb, auch „Fremdkörperfalle" genannt. Hier sammeln sich im Lauf der Zeit außer Fusseln auch Münzen, Knöpfe, Ringe und andere Kleinteile. Damit das Waschmittelfach nicht verkeimt oder schimmelt, sollten Sie auch dieses bei Bedarf säubern – am besten unter fließendem Wasser. Und schließlich: Lassen Sie Ladetür und Waschmittelschublade nach dem Waschen offen, damit Restwasser verdunsten kann.

MACHINE WASH WARM.
ONLY NON-CHLORINE
BLEACH WHEN NEEDED.
LINE DRY.
MEDIUM IRON.
DO NOT IRON ON
DECORATION
100% ПАМУК
CN 最高水温40°C,常规洗涤。
不可漂白。
悬挂晾干。
最高温度150°C熨烫。
不可干洗。
请勿熨烫装饰物
ΔΙΑΚΟΣΜΗΣΗ
100% ΒΑΜΒΑΚΙ
タンブル乾燥禁止
JP 飾りにアイロンをかけないでく
ださい。
100% コットン

# WAS SAGT DAS ETIKETT?

**Pflegekennzeichen:** In vielen Textilien ist ein Etikett eingenäht. Nicht alle Symbole erschließen sich von selbst. Was ist etwa mit dem Schleudern? Kleine Hilfe: Sachen mit Waschbottich-Symbol dürfen mit Standardprogrammen gewaschen und mit hoher Drehzahl geschleudert werden. Ein Strich unterm Bottich: Schongang (z. B. „Pflegeleicht") mit reduzierter Schleuderdrehzahl wählen. Zwei Striche: Fein- oder Wollwaschgang (leichtes Anschleudern) bzw. Spülstopp wählen (kein Schleudern).

**95 Grad Kochwäsche**
Im Normalwaschgang bis zu einer Temperatur von 95 °C waschen.

**60 Grad Buntwäsche**
Im Normalwaschgang bis 60 °C waschen.

**60 Grad Pflegeleicht**
Im Schonwaschgang, z.B. Feinwasch- oder Pflegeleichtprogramm, bis 60 °C waschen.

**40 Grad Buntwäsche**
Im Normalwaschgang bis 40 °C waschen.

**40 Grad Pflegeleicht**
Im Schonwaschgang, z. B. Feinwasch- oder Pflegeleichtprogramm, bis 40 °C waschen.

**40 Grad Feinwäsche**
Im Wollwaschgang bis 40 °C waschen.

**30 Grad Buntwäsche**
Im Normalwaschgang bis 30 °C waschen.

**30 Grad Pflegeleicht**
Im Schonwaschgang, z.B. Feinwasch- oder Pflegeleichtprogramm, bis 30 °C waschen.

**30 Grad Feinwäsche**
Im Wollwaschgang bis 30 °C waschen.

**Handwäsche**
Handwäsche bis maximal 40 °C.

**Nicht waschen**
Kann nicht gewaschen, aber chemisch gereinigt werden.

**Alle Bleicharten**
Kleidungsstück kann sowohl mit Chlor- als auch Sauerstoffbleiche (z. B. Vollwaschmittel) behandelt werden.

**Sauerstoffbleiche**
Kleidungsstück kann mit Sauerstoffbleiche (z. B. Vollwaschmittel) behandelt werden.

**Nicht bleichen**
Kleidungsstück ausschließlich mit Color- und Feinwaschmittel waschen.

**Alle Lösemittel**
Kleidungsstück kann mit allen Lösemitteln gereinigt werden.

**Alle Lösemittel mit Einschränkung**
Kleidungsstück kann mit allen Lösemitteln gereinigt werden, Einschränkungen bei Temperatur und Feuchtigkeitszugabe.

**Bestimmte Lösemittel**
Kleidungsstück kann mit Kohlenwasserstoff-Lösemittel gereinigt werden.

**Bestimmte Lösemittel mit Einschränkung**
Kann mit Kohlenwasserstoff-Lösemittel gereinigt werden, Einschränkungen bei Temperatur und Feuchtigkeitszugabe.

**Keine Lösemittel**
Kleidungsstück nicht chemisch reinigen.

**Normale Trocknung**
Wäsche ganz normal im Trockner trocknen.

**Schonende Trocknung**
Mit Schonprogramm trocknen.

**Nicht im Wäschetrockner trocknen**

**Heiß bügeln**
Bis 200 °C bügeln.

**Mäßig heiß bügeln**
Bis 150 °C bügeln.

**Nicht heiß bügeln**
Bis 110 °C vorzugsweise ohne Dampf bügeln.

**Nicht bügeln**

**Trocknen auf der Wäscheleine**

**Trocknen aus dem tropfnassen Zustand**

**Liegend trocknen**

**Liegend trocknen aus dem tropfnassen Zustand**

**Trocknen auf der Wäscheleine im Schatten**

**Trocknen aus dem tropfnassen Zustand im Schatten**

**Liegend trocknen im Schatten**

**Liegend trocknen aus dem tropfnassen Zustand im Schatten**

**Nassreinigung**
Kleidungsstück kann ohne Einschränkung im Nassreinigungsverfahren behandelt werden.

**Milde Nassreinigung**
Kleidungsstück kann im Nassreinigungsverfahren für empfindliche Textilien behandelt werden.

**Sehr milde Nassreinigung**
Kann im Nassreinigungsverfahren für sehr empfindliche Textilien behandelt werden.

**Nicht nassreinigen**
Keine Nassreinigung möglich.

# EIN ALLROUNDER?

**VOLLWASCHMITTEL WÄSCHT ALLES,** glauben viele. Das stimmt nur halb: Zwar verschwindet der Schmutz – doch auch die Farben verabschieden sich.

Die Bezeichnung **VOLLWASCHMITTEL** besagt, dass sich ein Mittel (meist Pulver oder Gel) für alle Temperaturbereiche von 20 bis 95 Grad eignet – das gilt jedoch nicht für jede Art von Wäsche.

**BLASS UND STUMPF.** Wer für Buntes ab und zu Voll- bzw. Universalwaschmittel verwendet, richtet noch keinen Schaden an. Die Tenside lösen Staub, Schweiß und Flecken und wirken gegen Gerüche. Auf Dauer lassen aber die enthaltenen Bleichmittel und optischen Aufheller die Farben verblassen. Umgekehrt macht Colorwaschmittel weiße Wäsche grau, weil ihm Bleiche und Aufheller fehlen.

# DREI SPEZIALISTEN!

**AUFGABENTEILUNG IST TRUMPF.** Mit drei Waschmitteln bekommen Sie jede Wäsche sauber und schonen Fasern und Farben.

**ALLER GUTEN DINGE SIND DREI.** Mit einem Voll- und einem Colorwaschmittel kommen Sie schon ganz schön weit. Beide enthalten jedoch Enzyme, die Naturfasern schädigen können. Deshalb sollte in jedem Haushalt zusätzlich ein Mittel für Wolle und Seide stehen. Für Handwäsche tut es auch mal ein Haarshampoo. Übrigens: Wollwaschmittel eignen sich auch zum Waschen von Daunen.

# SCHWACHES SCHWARZ?

**ELEGANT, SALOPP, GESCHÄFTSMÄSSIG** – Schwarz ist zeitlos und passt fast immer. Spezielle Waschmittel sollen dunkle Farben länger frischhalten.

**BESSER NICHT!**

Spezialisten für Dunkles können Sie im Laden getrost stehen lassen.

Auch die mechanische Beanspruchung in der Waschtrommel kann dunklen Farben zusetzen. Drehen Sie schwarze Teile deshalb **IMMER AUF LINKS,** verwenden Sie den Schonwaschgang und schleudern Sie möglichst wenig.

**SCHWARZE FLASCHE, „BLACK" IM NAMEN** – so kommen Gels für dunkle Farben daher. Ihre Hersteller nehmen den Mund ganz schön voll: Dunkle Farben sollen länger leuchten, Schwarzes auch nach vielen Wäschen noch wie neu aussehen. Die Realität ist ernüchternd: Die dunklen Experten lassen T-Shirts, Kleider und Hosen genauso schnell vergrauen, manche Mittel sogar schneller.

# KRÄFTIGE FARBEN!

**GUTE COLORWASCHMITTEL** schonen dunklere Farben mindestens genauso gut.

Ein Colorwaschmittel lässt sich für **ALLES BUNTE** und Schwarze verwenden, auch im schonenden Pflegeleichtprogramm mit halber Beladung. Stark abfärbende Wäsche sollten Sie jedoch separat sowie Helles und Dunkles getrennt waschen.

## EXTRA-TIPP

Auch für die schnelle Handwäsche im Waschbecken ist ein gutes Colormittel hervorragend geeignet.

**COLORWASCHMITTEL SIND ECHTE SPEZIALISTEN.** Ihre Mission: Fleckenlos sauber waschen, Farben schonen und Abfärben verhindern. Waschen Sie Buntes jedoch nicht zu kalt – auch wenn der Hersteller mit 20 Grad wirbt. Kaltes Wasser spart zwar Strom, es bleiben aber oft Schmutzreste. Zudem machen niedrige Temperaturen vielen Viren, Bakterien und Pilzsporen nur wenig bis gar nichts aus.

# SCHAUMPARTY?

**VIEL HILFT VIEL** – dieses Motto ist beim Wäschewaschen denkbar ungeeignet. Wer will schon zum Schaumschläger werden?

Sie haben nicht zufällig Wollwaschmittel oder Mittel aus der **REISETUBE** in die normale Wäsche gegeben? Beide neigen zu starker Schaumbildung.

Vorsicht bei feinen **GARDINEN:** Die wirken zwar sehr voluminös, sind aber relativ leicht. Nehmen Sie hier von vornherein weniger Waschmittel.

**SCHAUMPARTY MAL ANDERS.** Quillt Schaum aus der Waschmaschine, löst das nicht unbedingt Feierstimmung aus. Falls Ihnen das passiert, schalten Sie sie sofort aus oder ziehen Sie den Netzstecker. Wetten, dass Sie zu viel Waschmittel eingefüllt haben? Sofortmaßnahmen: Wasser abpumpen, Maschine trocknen und den Waschgang mit korrekt dosiertem Waschmittel wiederholen.

# SCHAUMBAD!

**EXAKTES DOSIEREN** ist die halbe Miete. Die richtige Menge an Waschmittel hängt von Wasserhärte, Verschmutzung und Wäschemenge ab.

**LEICHT VERSCHMUTZT** auf der Packung bedeutet: kurz benutzt, verschwitzt, keine Flecken. „Normal": sichtbarer Schmutz, leichte Flecken. „Stark verschmutzt": deutlich sichtbarer Schmutz, viele, auch hartnäckige Flecken.

Häufig bezieht sich die Dosiervorschrift auf eine **FÜLLMENGE** von vier bis fünf Kilogramm. Wer eine größere Trommel hat, muss umrechnen.

**WICHTIGSTE INFOQUELLE** ist die Dosieranleitung auf der Waschmittelpackung. Hier steht, welche Menge Waschmittel für welche Menge Wäsche optimal ist. Ist die Wäsche nur leicht verschmutzt, nehmen Sie die kleinste angegebene Waschmittelmenge. Den zum korrekten Dosieren ebenfalls erforderlichen Grad der Wasserhärte an Ihrem Wohnort erfragen Sie bei Ihrem Versorger.

## Clever waschen 1: Risiken minimieren

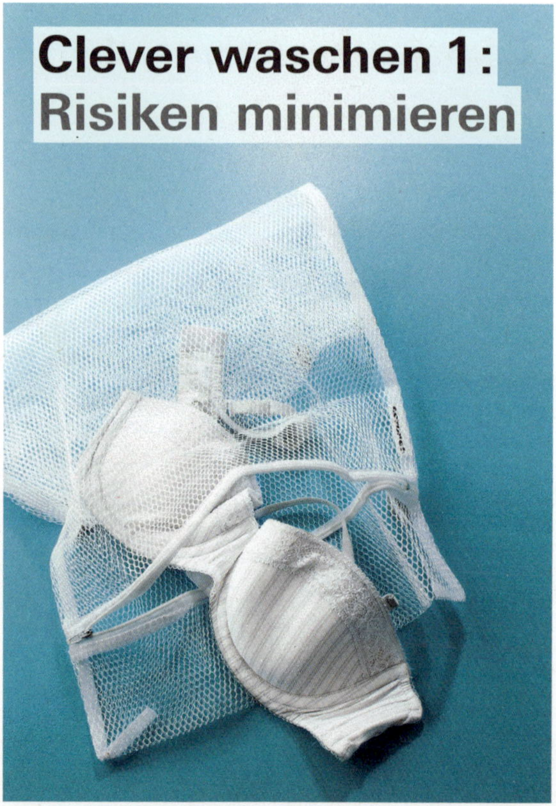

**WELCHE MALHEURE DROHEN?** BHs sollten Sie in einem verschlossenen Wäschenetz oder dünnen Kissenbezug waschen, damit ihr Verschluss andere Kleidungsstücke nicht beschädigt. So können sich auch lose Metallbügel nicht zwischen Trommel und Gehäuse verklemmen. Folge wäre eine teure Reparatur! Schließen Sie vor dem Waschen die Reißverschlüsse und leeren Sie alle Taschen. Ein vergessenes Papiertaschentuch – und Sie gehen nach dem Waschen auf Schnipseljagd.

## Clever waschen 2: Ohne Weichspüler

**WIE WIRD WÄSCHE WEICH?** Damit ihre Sachen flauschig werden und gut duften, verwenden viele Menschen Weichspüler. Da Wäsche davon jedoch kein bisschen sauberer wird, können Sie getrost darauf verzichten. Die Wasserenthärter im Waschmittel reichen meist aus, um hart machenden Kalkrückständen vorzubeugen. Außerdem belasten die Wirkstoffe von Weichspülern die Gewässer zusätzlich. Handtücher und Outdoorkleidung können durch Weichspüler sogar ihre Funktion einbüßen!

## Clever waschen 3: Erst trocknen

**WOHIN MIT VERSCHWITZTEN SACHEN?** Wer vom Sport kommt oder im Regen unterwegs war, stopft die feuchte Wäsche gern mal in die Maschine und schließt die Luke. T-Shirts, Unterwäsche & Co. liegen dann im eigenen Saft. Kein Wunder, dass sie nach ein paar Tagen müffeln oder sogar schimmeln. Waschen Sie feuchte und durchgeschwitzte Wäsche besser sofort! Wer das nicht schafft, lässt die Sachen auf einem Gestell trocknen oder bewahrt sie in einem luftdurchlässigen Behälter auf.

## Clever waschen 4: Kein Entkalker

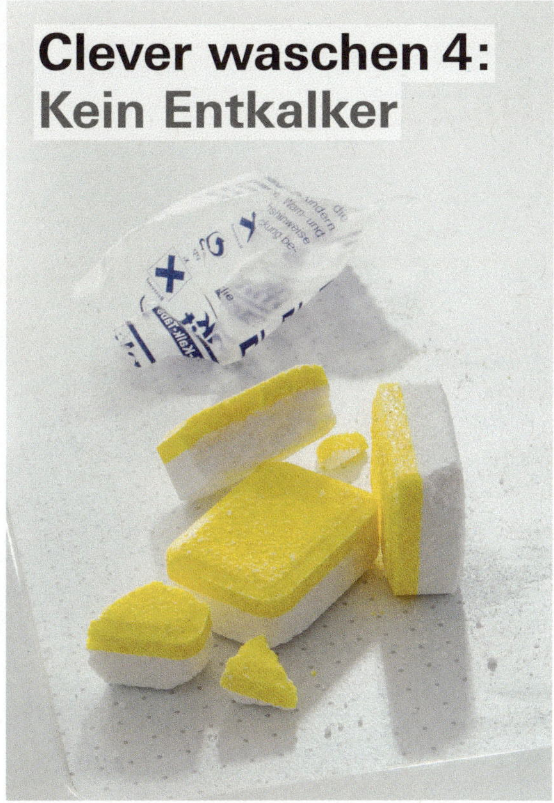

**VERKALKT DIE MASCHINE?** Waschmittel enthalten bereits Substanzen zur Wasserenthärtung. Sind sie richtig dosiert, ist Entkalker überflüssig, vor allem in Gegenden mit weichem Wasser. Nur wer umständlich nach Baukastenprinzip wäscht, muss ab Härtebereich 2 Entkalker beigeben. Baukastenprinzip bedeutet: Man benutzt ein Basiswaschmittel ohne Bleiche und gibt je nach Bedarf Bleichmittel und Enthärter dazu. Essig als Ersatz greift auf Dauer möglicherweise Gummidichtungen an.

# SELBST SCHRUBBEN?

**DRECKIGE SPORTSCHUHE** per Hand zu reinigen erfordert jede Menge Zeit, Muße und ein wenig Übung.

**EINMAL DURCH DEN MATSCH GEJOGGT** – schon sehen die Laufschuhe total fertig aus. Wer alles wieder sauber bekommen will, sollte am besten gleich loslegen. Ist der Schmutz erst getrocknet, dauert das Schrubben deutlich länger. Sie brauchen einen Schwamm, lauwarmes Wasser und Neutralreiniger. Wichtig: die Schuhe schön nass machen, auch wenn das Trocknen ewig dauert.

# ROTIEREN LASSEN!

**ZU EINFACH, UM WAHR ZU SEIN?** Keineswegs: Stoff- und Turnschuhe können Sie ab und zu ruhig in die Maschine stecken.

## ACHTUNG!

Zu häufiges Waschen in der Maschine kann die Dämpfung von Turnschuhen ruinieren.

**IN DIE TROMMEL!** Verwenden Sie ein Colorwaschmittel und den Feinwaschgang – und waschen Sie die Schuhe bei 30, maximal 40 Grad. Nicht heißer, sonst löst sich womöglich der Kleber an der Sohle.

Gewaschene Schuhe stopfen Sie am besten mit Zeitungspapier aus, das Sie alle zwei Stunden wechseln: So trocknen die Schuhe schneller, schimmeln nicht und behalten die Form.

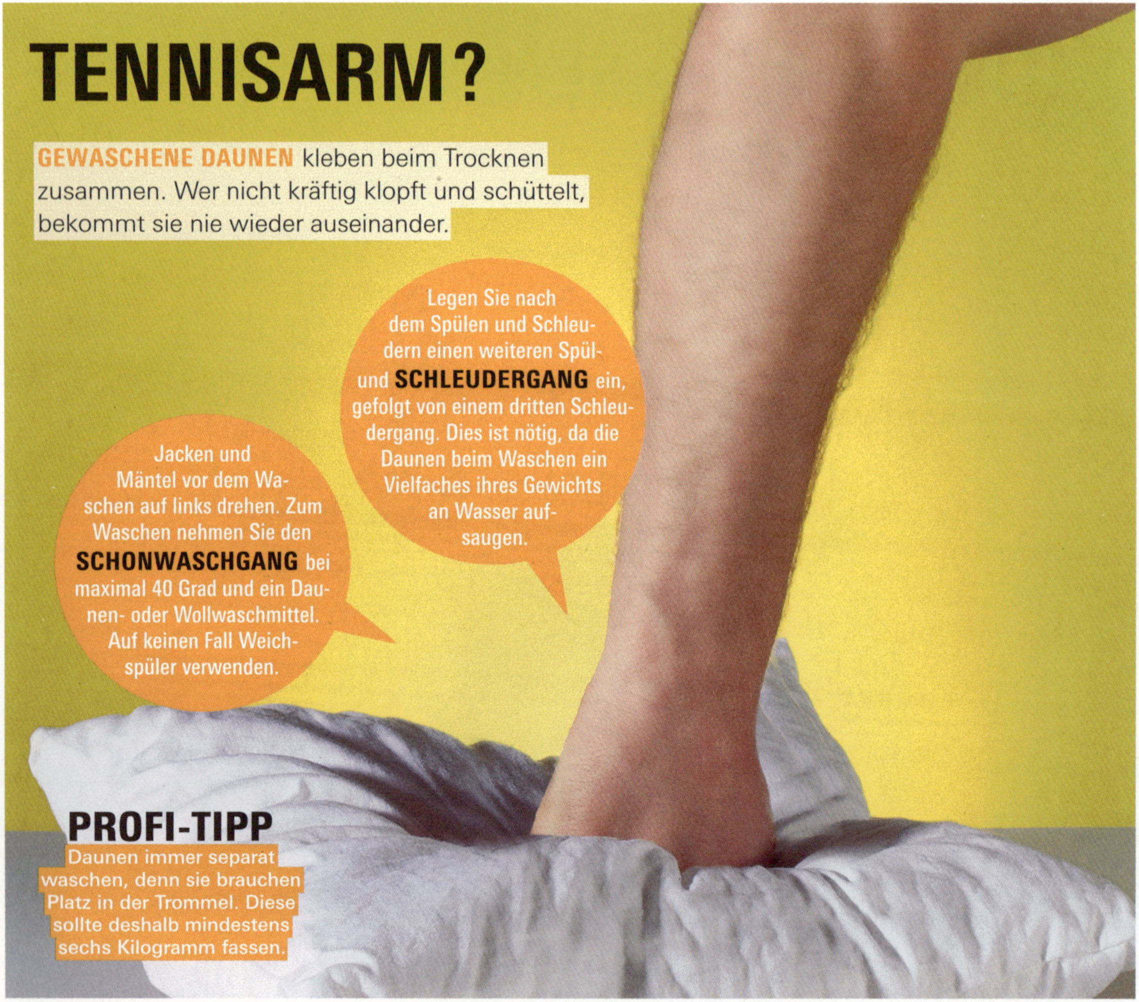

# TENNISARM?

**GEWASCHENE DAUNEN** kleben beim Trocknen zusammen. Wer nicht kräftig klopft und schüttelt, bekommt sie nie wieder auseinander.

Legen Sie nach dem Spülen und Schleudern einen weiteren Spül- und **SCHLEUDERGANG** ein, gefolgt von einem dritten Schleudergang. Dies ist nötig, da die Daunen beim Waschen ein Vielfaches ihres Gewichts an Wasser aufsaugen.

Jacken und Mäntel vor dem Waschen auf links drehen. Zum Waschen nehmen Sie den **SCHONWASCHGANG** bei maximal 40 Grad und ein Daunen- oder Wollwaschmittel. Auf keinen Fall Weichspüler verwenden.

## PROFI-TIPP

Daunen immer separat waschen, denn sie brauchen Platz in der Trommel. Diese sollte deshalb mindestens sechs Kilogramm fassen.

**DAUNEN ZU WASCHEN IST MÖGLICH,** aber lassen Sie Jacke, Mantel oder Kissen danach nicht einfach an der Luft trocknen. Sonst sorgen Waschmittelreste dafür, dass die Daunen verkleben und sogar schimmeln. Haben Sie keinen Trockner, legen Sie das gute Stück auf einem Trockengestell breit aus, schütteln es jede Stunde kräftig auf, klopfen es mit der Hand und wenden es.

# TENNISBALL!

**WARUM HANDARBEIT,** wenn es Wäschetrockner gibt? Ein kleiner Trick erzielt bei Daunen große Wirkung.

**DREI, VIER TENNISBÄLLE** schützen vor dem Verklumpen. Mit in den Trockner gegeben, plumpsen sie sanft auf die Daunen und lockern sie dadurch auf. Voraussetzung: Die Trommel lässt den Daunen genügend Platz. Stoppen Sie den Trockner nach 30 Minuten und schütteln Sie Jacke oder Mantel kräftig auf. Kurz auskühlen lassen und weitertrocknen. Das Ganze bei Bedarf wiederholen.

# Kreativ waschen 1: Plastikspielzeug

**SCHMECKT SCHMUTZ?** Bausteine, Autos, Puppengeschirr – Kinder nehmen Spielzeug ständig in den Mund. Ab und zu ist eine Reinigung fällig. Gut zu wissen: Plastikspielzeug lässt sich bei 40 Grad in der Maschine (oder im Geschirrspüler) waschen. Wählen Sie ein Programm wie „Pflegeleicht" oder „Feines" und verwenden Sie Colorwaschmittel. Wichtig: Füllen Sie die Teile in ein Wäschenetz (gibt's in der Drogerie) oder einen Kissenbezug. So verschwindet nichts und die Trommel bleibt heil.

# Kreativ waschen 2: Kuscheltiere

**SIND STOFFTIERE WASSERSCHEU?** Im Gegenteil: Sie gehen gern auf Tauchgang. Nur Kuscheltiere aus Mohair, Alpaka, Wolle oder Kunstfaserplüsch gehören nicht in die Maschine. Meist hilft auch ein Blick auf das Pflegekennzeichen. Entfernen Sie vor dem Waschen Batterien und lose Teile und stopfen Sie offene Nähte sowie Löcher im Fell. Waschen Sie Kuscheltiere stets im Wäschenetz oder Kissenbezug bei 30 Grad im Pflegeleicht- oder Schonwaschgang! An der Luft trocknen – fertig!

# Kreativ waschen 3: Tragetaschen

**GEHT DER FLECK WEG?** Dauernder Gebrauch hinterlässt Spuren. Während Ledertaschen nicht in die Maschine sollten, ist das mit Canvas, Segeltuch, Baumwolle oder Nylon meist möglich: Packen Sie die Tasche in einen Waschbeutel und waschen Sie sie bei 30 Grad mit gleichen Farben. Übrigens: Bei 40 bis 60 Grad lassen sich aus Naturwolle gestrickte Taschen dekorativ verfilzen. Da sie einlaufen, stricken Sie sie eine Nummer größer und ziehen Sie sie vor dem Trocknen in Form!

# Kreativ waschen 4: Die Waschmaschine

**WAS MÜFFELT DENN HIER SO?** Im Zweifel ist es die Waschmaschine selbst. Wer nur bei niedrigen Temperaturen wäscht, kennt das Problem: Nach einer Weile dringt bei jedem Öffnen ein muffiger Geruch aus der Maschine. Darin bleibt nach dem Waschen Restwasser zurück, in dem sich Bakterien vermehren und einen übelriechenden Belag bilden. Gegen den Mief hilft es, die Maschine mit einem Vollwaschpulver, aber ohne Wäsche im Kochwaschgang bei 90 Grad laufen zu lassen.

# RICHTIG AUFHÄNGEN

**SCHNELL UND MÖGLICHST FALTENFREI** – oberste Ziele beim Wäschetrocknen. Ein paar Tipps helfen dabei.

**SOCKEN** an der Spitze festklammern.

**LANGE HOSEN** mit dem Gesäßteil über die Leine schlagen und seitlich festklammern.

**KLEIDER, HEMDEN, BLUSEN UND JACKEN** gehören zum Trocknen auf Kunststoffbügel mit runden Schulterteilen.

**RÖCKE UND SHORTS** hängen Sie jeweils direkt am Bund auf.

## EXTRA-TIPP

Die einzelnen Teile trocknen schneller, wenn Sie sie nicht überlappend oder übereinander, sondern mit etwas Abstand aufhängen.

## EIN KORB VOLL FEUCHTER WÄSCHE

wartet auf Sie. Doch womit anfangen und vor allem: wie aufhängen? Oberstes Gebot: Die Wäsche sollte beim Trocknen weder durch ihr eigenes Gewicht ausleiern noch durch Abdrücke von Leine und Klammern hässliche Falten und Knitter bekommen. Platzieren Sie Klammern am besten auf einer Naht und nehmen Sie die trockene Wäsche zügig ab. Übrigens: Klammern brauchen Sie nur draußen! Sachen vor dem Aufhängen kräftig ausschlagen, damit sie möglichst glatt hängen. Für Strickwaren legen Sie sich am besten ein Gestell zu, auf dem Sie sie im Liegen trocknen können.

# IN DEN TROCKNER?

**MODERNE WÄSCHETROCKNER** erleichtern das Leben: Wäsche rein, Klappe zu – aber leider auch: Stromrechnung rauf.

Je besser die Wäsche geschleudert ist, umso schneller und **SPARSAMER** arbeitet der Trockner – vorausgesetzt, das Pflegeetikett hat gegen kräftiges Schleudern nichts einzuwenden.

Auf Sparkurs laufen Trockner mit **WÄRMEPUMPE.** Sie brauchen halb so viel Energie wie herkömmliche Kondensationstrockner. Trotz höherem Kaufpreis sind sie damit langfristig rentabler.

## EXTRA-TIPP

Nach dem Trocknen Flusensiebe reinigen und Kondensat auskippen.

**BEVOR EIN ENERGIEVERSORGER** die Höhe der ersten Vorauszahlung festlegt, will er unter anderem wissen, ob im Haushalt ein Wäschetrockner seine Runden dreht. Das hat seinen Grund: Eine Ladung „Baumwolle schranktrocken“ schlägt bei herkömmlichen Kondensationstrocknern mit rund einem Euro zu Buche. Aufs Jahr gerechnet macht das im Schnitt rund 70 Euro – nicht gerade wenig.

# IN DEN GARTEN!

**ZUM NULLTARIF** trocknen Wind und Sonne. Regnet es draußen, hilft ein Wäscheständer im Zimmer oder eine Leine über der Badewanne.

Feuchte Wäsche können Sie sogar bei **FROST** draußen trocknen. Das darin enthaltene Wasser gefriert und verdunstet dann direkt. Experten nennen dieses Phänomen Sublimation.

Pollenallergiker sollten Wäsche drinnen trocknen, damit sich daran kein **BLÜTENSTAUB** festsetzt.

**EXTRA-TIPP**
Handtücher und Jeans werden auf der Leine oft bretthart – deshalb besser in den Trockner stecken.

**BEI SOMMERWETTER** ist die Wäsche in wenigen Stunden trocken. Gönnen Sie ihr jedoch ein schattiges Plätzchen, damit die Sonne die Farben nicht ausbleicht. Ist es draußen kalt und nass, können Sie die Sachen in einem beheizten Raum, zum Beispiel im Badezimmer, trocknen. Mehrmaliges Stoßlüften ist dann aber ein absolutes Muss, sonst holen Sie sich auf Dauer Schimmel ins Haus.

# RICHTIG BÜGELN

**AUF DER BELIEBTHEITSSKALA** der Hausarbeiten rangiert Bügeln weit unten. Ein Grund dafür: Viele wissen nicht, wie es richtig geht.

**HOSENSPANNER:** Spezialbügel für Hosen und Röcke sollen verhindern, dass diese im Schrank knittern.

**SPRÜHFLASCHE:** Lauwarmes Leitungswasser zum zusätzlichen Anfeuchten der Wäsche erleichtert die Arbeit.

**ÄRMELBRETT:** Sinnvoll zum Bügeln von Manschetten und Ärmeln von Hemden und Blusen.

## PROFI-TIPP

Bügelstationen sind sehr teuer, aber in Sachen Dampfmenge und Bügelqualität deutlich überlegen. Weiterer Vorteil: Auch bei niedriger Hitze (empfindliche Textilien!) kann mit Dampf gebügelt werden.

**BÜGELBRETTBEZUG:** Achten Sie auf die richtige Größe und ausreichende Polsterung. Eine reflektierende Beschichtung spart Strom, zur Not tut's auch Alufolie unter dem Bezug.

**DIE BESTE BÜGELWÄSCHE** ist die, die man nicht hat. Jetzt liegt da aber dieser Haufen – also Ärmel hochkrempeln und Bügelbrett aufstellen. Wichtig sind gute Lichtverhältnisse, um alle Falten sehen zu können. Wer die Sachen in leicht feuchtem Zustand bügelt, kann auf Dampf meist verzichten. Je nach Kleidungsstück bügeln Sie zuerst Kragen, Knopfleisten und Bund, danach von der größten zur kleinsten Stofffläche. Profis sortieren die Wäsche vorher noch nach der erforderlichen Bügeltemperatur und fangen dann mit schwacher Hitze an.

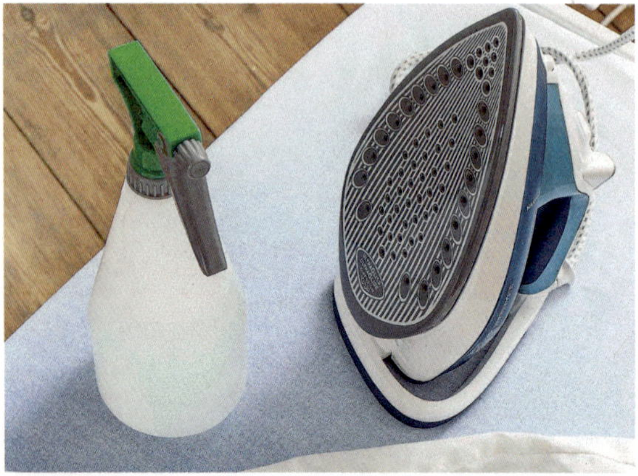

**EIN OBERHEMD ZU BÜGELN** ist die Königsdisziplin. Deutlich leichter geht das, wenn das Hemd noch etwas feucht ist. Zusätzliche Feuchtigkeit erzeugen Sie mit Dampfdüse und Sprühflasche.

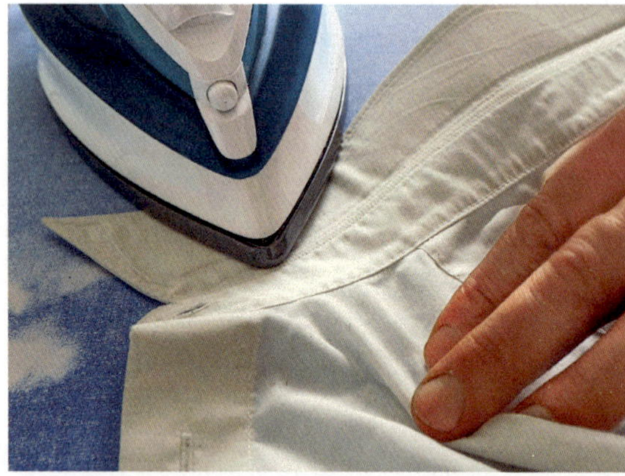

**1. KRAGEN** Legen Sie den Hemdkragen flach auf das Bügelbrett. Bügeln Sie zuerst von den Spitzen her die Innenseite. Klappen Sie dann den Kragen an der Falte um und bügeln Sie die Außenseite.

**2. SCHULTERN** Ziehen Sie nacheinander linke und rechte Schulterpartie über die Spitze des Bügelbretts. Bügeln Sie jeweils vom Kragen zum Ärmel hin und vorsichtig in die Aufschlagfalten hinein.

**3. MANSCHETTEN** Öffnen Sie die Manschettenknöpfe und breiten Sie die Ärmelaufschläge flach aus. Bügeln Sie mit der Spitze des Bügeleisens jeweils die Innenseite, danach die Außenseite.

**4. VORDERSEITE** Legen Sie die Hemdseite mit den Knöpfen auf das Brett und ziehen Sie den Stoff glatt. Bügeln Sie zwischen den Knöpfen, dann die ganze Fläche und die Seite mit den Knopflöchern.

**5. RÜCKSEITE** Legen Sie den Hemdrücken über das Brett und ziehen Sie den Stoff glatt. Beginnen Sie an einer Seitennaht und bügeln Sie dann die ganze Fläche. Gebügelte Partien weiterschieben.

**6. ÄRMEL** Breiten Sie einen Ärmel glatt auf dem Brett aus, sodass die Seitennähte jeweils flach am Rand liegen. Bügeln Sie vom Aufschlag zur Schulter. Danach ist der andere Ärmel dran.

**7. FERTIG!** Um neue Falten zu verhindern, hängen Sie das Hemd sofort auf einen Bügel. Schließen Sie die Knöpfe, damit es nicht herunterrutscht. Und dann? Dann klopfen Sie sich auf die Schulter!

# BABYBOUTIQUE?

**KINDERKLEIDUNG ENTHÄLT OFT SCHADSTOFFE.** Betroffen sind nicht nur Billigsachen, sondern auch Markenware.

Achten Sie beim Kauf auf die **TEXTILSIEGEL** des Internationalen Verbands der Naturtextilwirtschaft (IVN) oder des Global Organic Textile Standard (GOTS).

Besonders hohe Konzentrationen an **SCHADSTOFFEN** weisen bei Messungen vor allem viele Stoppersocken sowie Regenjacken und Matschhosen auf.

**FARBSTOFFE, WEICHMACHER,** Fluorchemikalien – auch wenn das Etikett „100 Prozent Baumwolle" verspricht, enthalten viele Kindersachen einen Cocktail aus Schadstoffen und Umweltgiften. Einige davon sind krebserregend oder hormonell wirksam. Das ist besonders fatal, denn die Haut der Jüngsten ist noch weich und durchlässig, ihr Immunsystem nicht voll ausgebildet.

# FLOHMARKT!

**HÄUFIGES WASCHEN** macht Kinderkleider sauber und spült viele Schadstoffe aus. Ein Argument für Secondhand-Käufe.

Wer nichts aus zweiter Hand kaufen mag, sollte gezielt nach ungefärbten Textilien suchen oder auf **NATURPRODUKTE** setzen, z. B. Baumwolle aus kontrolliert ökologischem Anbau. Das gilt besonders für Sachen, die das Baby auf der Haut trägt.

Verzichten Sie besser auf Bodys und Strampler mit gummierten **APPLIKATIONEN.** Aus diesen können auch nach längerer Zeit noch Schadstoffe entweichen.

**KINDER WACHSEN SO SCHNELL,** dass viele Eltern ihnen ohnehin gern gebrauchte Sachen anziehen. Was viele nicht ahnen: Kleidung aus zweiter Hand enthält auch deutlich weniger Schadstoffe. Wer also Hemden, Hosen und Söckchen mit anderen Eltern tauscht oder sie auf dem Flohmarkt und im Secondhand-Laden kauft, spart Geld – und tut etwas für die Gesundheit seiner Sprösslinge.

# EIN FALL FÜR DIE REINIGUNG

**DIE PFLEGE HOCHWERTIGER KLEIDUNG** überlässt man besser einem Profi. Statt chemischer Substanzen verwenden immer mehr Betriebe Wasser als Lösemittel.

Sperrige und sehr hochwertige **TEPPICHE** reinigt der Experte.

**ABENDGARDEROBE** büßt in der Waschmaschine oft Pailletten oder Applikationen ein. Die Reinigung muss für Schäden haften.

**FLECKIGE SACHEN** bekommt oft nur der Textilreiniger sauber – das gilt vor allem für ältere Flecken. Sie sind bereits so tief in die Fasern eingedrungen, dass man selbst nichts mehr ausrichten kann.

## EXTRA-TIPP

Da ihre Farben verblassen können, lassen Sie bei Anzügen und Kostümen Jacke und Hose stets zusammen reinigen.

Die **LEDERJACKE** oder Biker-Kluft sollte ab und zu gründlich gesäubert und nachgefettet werden – am besten vom Leder-Profi.

**VERLANGT DAS PFLEGEETIKETT** eine chemische bzw. Trockenreinigung, sollten Sie Kleidungsstücke auf keinen Fall in die Waschmaschine stecken. Empfindliche Blusen und Pullover – und erst recht feine Anzüge und schicke Abendkleider – würden das nur mit viel Glück heil überstehen. Wer die Umwelt nicht belasten und deshalb chemische Lösemittel vermeiden will, sucht sich einen Textilreiniger, der „professionelle Nassreinigung" anbietet. Dafür eignen sich übrigens nicht nur Sachen mit dem Pflegekennzeichen „W" (für engl. „wet"), sondern auch die meisten anderen Kleidungsstücke.

# FRISCHE-SPRAY?

**MÜFFELN DIE KLAMOTTEN,** zückt mancher Zeitgenosse automatisch den Textilerfrischer. Doch das belastet die Atemluft und geht ins Geld.

Das Reinigen von Teppichen, Vorhängen und Polstern ist meist sehr aufwendig. Um ihren **GERUCH** zu verbessern, kann ein Textilerfrischer vorübergehend gute Dienste leisten.

Wer nach einer **GÜNSTIGEN** Alternative sucht und Weichspüler zu Hause hat, gibt 1 bis 2 Verschlusskappen davon in eine Sprühflasche und füllt Wasser auf – fertig!

**DER PULLOVER RIECHT NACH ESSEN,** das Hemd nach Rauch, die Schuhe nach Schweiß. Schnelle Hilfe versprechen Anti-Geruch-Sprays, die angeblich auch modrigen Kellergeruch bannen und sogar Knitterfalten glätten. Mit manchen Textilien klappt das – mit anderen dagegen gar nicht. Wer Pech hat, bläst das Geld für den teuren Textilerfrischer förmlich zum Fenster raus.

# FRISCHE LUFT!

**DEN NATÜRLICHEN TEXTILERFRISCHER** schlechthin finden Sie direkt vor Ihrem Fenster. Er ist wirksam und kostet keinen Cent.

Spezial-Trick für Reisende: Kommen Kleidungsstücke im Hotel zerknittert aus dem Koffer, hängen Sie sie beim Duschen oder Baden auf einem Bügel in den **HEISSEN WASSERDAMPF,** ziehen sie glatt und sparen sich so das Bügeln.

Stark verschwitzte Kleidungsstücke, wie zum Beispiel **SPORTSACHEN,** lassen sich kaum restlos auslüften. In solchen Fällen hilft nur Waschen.

## EXTRA-TIPP

Verschwitzte Schuhe stellen Sie am besten zum Trocknen in die Sonne, damit sich geruchsbildende Bakterien nicht vermehren können.

**AUSLÜFTEN VERTREIBT LÄSTIGE GERÜCHE** gründlich. Hängen Sie die Sachen dazu einfach ein paar Stunden auf den Balkon oder über Nacht ans offene Fenster. Legen Sie aber bereits getragene Kleidung besser nicht mehr in den Kleiderschrank – das zieht Motten an. Gute Dienste leisten eine mobile Kleiderstange, ein „stummer Diener“ oder eine Hakenleiste an der Zimmertür.

# FEUCHT GELAGERT?

**WINTERJACKEN UND WOLLPULLIS** quartieren viele über den Sommer aus – und ärgern sich im Herbst über deren muffigen Geruch.

Hängt der **MODERGERUCH** einmal in den Kleidern, hilft es in leichteren Fällen, sie an die frische Luft zu hängen. Falls nicht: einfach durchwaschen oder mit Dampf aufbügeln.

Zu feuchte Luft im Keller vermeiden Sie mit Hilfe eines Raumentfeuchters. Sein Granulat bindet **FEUCHTIGKEIT.** Der Einsatz elektrischer Entfeuchter lohnt sich dagegen nicht.

**IM KELLER FINDET SICH MEIST EIN PLÄTZCHEN,** wo Sie Ihre warmen Sachen parken können. Doch gerade in älteren Kellern kann Feuchtigkeit den Kleidern mächtig zusetzen. Beim Hervorholen verbreiten sie dann diesen typischen muffigen Geruch. Meist liegt das daran, dass die Wintergarderobe offen im Campingschrank hing oder einfach in Plastiktüten gestopft wurde.

# DICHT VERPACKT!

**ALLES EINE FRAGE DER VERPACKUNG!** Gut verhüllt überstehen Ihre Kleider das vorübergehende Schattendasein im Keller problemlos.

So geht's: Packen Sie die Kleidung in einen Vakuumbeutel, schließen Sie diesen und saugen Sie mit dem **STAUBSAUGER** die Luft heraus.

Motten lieben Haut- und Haarschuppen. Bevor die Klamotten also in ihr Winterlager wandern, sollten sie noch einmal **FRISCH GEWASCHEN** beziehungsweise gereinigt werden.

**BESSER NICHT!**
Plastiktüten sind zur Lagerung von Kleidern nicht geeignet, da sich in ihnen Schimmel bilden kann.

**SCHUTZ GEGEN ÜBLE GERÜCHE** bieten handelsübliche Vakuumbeutel. Wer die Kosten für die Beutel scheut, schlägt die Wintersachen in Leinentücher ein und legt als Knitterschutz Seidenpapier dazwischen. Damit die Luft zirkulieren kann, lagern Sie verpackte Kleider am besten in einem Wäschekorb. Ein Stück Seife oder ein Duftsäckchen sorgt für angenehmen Geruch.

# SPÜLEN WIE EIN PROFI

Was ist effizienter – Geschirrspülen per Hand oder in der Maschine? Klarer Fall, sagt ein Großteil der Deutschen. So wasser- und energiesparend wie in der Maschine bekommt man Teller, Tassen und Töpfe mit Bürste, Schwamm und Spülmittel kaum sauber. Dieses Bauchgefühl bestätigt eine Studie der Universität Bonn: Ein Wissenschaftler besuchte insgesamt 200 Haushalte in Deutschland, Italien, Schweden und Großbritannien. Er beobachtete deren Spülverhalten mit Hilfe einer Webcam und wertete Fotos aus, die die Testpersonen von ihren beladenen Spülkörben machten. Fazit: Geschirrspüler verbrauchen im Schnitt 50 Prozent weniger Wasser und 28 Prozent weniger Energie. Allerdings machen die meisten Menschen im Umgang mit ihrer Spülmaschine gravierende Fehler.

## DEUTSCHE RECHT SPARSAM, ABER …

So zeigten sich die deutschen Probanden zwar recht sparsam beim Einsatz von Wasser und Energie, spülten jedoch insgesamt zu heiß. Überrascht zeigten sich die Forscher vor allem über den hohen Anteil an Geschirrteilen, die gar nicht in der Maschine landeten, obwohl sie dafür geeignet waren. 20 bis 40 Prozent aller Teile wurden einzeln „nur mal zwischendurch" unter fließendem Wasser gespült. Wer seine persönliche Bilanz optimieren möchte, sollte deshalb die folgenden Regeln befolgen.

## REGEL 1: VORSPÜLEN WEGLASSEN

Es genügt vollkommen, Essensreste mit einem Löffel oder einem Stück Haushaltspapier aufzunehmen und im Mülleimer zu entsorgen. Zusätzliches Vorspülen per Hand unter fließendem Wasser ist reine Verschwendung und damit überflüssig! Moderne Geschirrspüler werden mit Essensresten auch ohne Vorspülen problemlos fertig. Allerdings empfiehlt es sich, Siebe und Sprüharme der Maschine von Zeit zu Zeit per Hand zu säubern: Hier lagern sich Fett, Kalk und Schmutz ab, die die Funktion beeinträchtigen können. Auch so mancher Löffel lag schon im Abfluss.

**REGEL 2: RICHTIG EINRÄUMEN**
Füllen Sie Geschirr und Besteck so in die Maschine, dass der Wasserstrahl alle Teile erfasst (siehe auch S. 103). Richten Sie besonders stark verschmutzte Töpfe und Schüsseln bei Bedarf zum Wasserstrahl hin aus. Spülen Sie zwischendurch anfallende Geschirrstücke (zum Beispiel Teller, Tassen und Gläser) nicht einzeln per Hand. Sammeln Sie sie, bis sich eine Handwäsche im Spülbecken lohnt – oder stecken Sie sie gleich mit in die Spülmaschine.

**REGEL 3: MASCHINE VOLL BELADEN**
Experten schätzen, dass sich jeder zehnte Spülgang einsparen ließe, wenn der Geschirrspüler konsequent voll beladen würde. Das bedeutet nicht, das Geschirr so hoch zu stapeln, bis es die Sprüharme blockiert – die Maschine allerdings aus reiner Gewohnheit jeden Tag um dieselbe Zeit laufen zu lassen ist nicht hygienischer und belastet obendrein Geldbeutel und Umwelt.

**REGEL 4: RICHTIGES PROGRAMM WÄHLEN**
Nur um auf Nummer sicher zu gehen, lassen viele Menschen ihren Geschirrspüler grundsätzlich bei hoher Temperatur laufen. Heutige Maschinen liefern jedoch in aller Regel bereits bei niedrigen Temperaturen gute Reinigungsergebnisse. Wählen Sie deshalb ein Programm aus, das zum jeweiligen Geschirrtyp und Verschmutzungsgrad passt. Meist reicht das Eco- oder Energiesparprogramm mit 50 oder 55 Grad. Intensivprogramme mit höheren Temperaturen verbrauchen viel mehr Wasser und Strom. Wählen Sie diese nur für stark verschmutzte Töpfe und Pfannen oder wenn die Maschine müffelt. Spar- und Kurzprogramme eignen sich etwa für Gläser und leicht verschmutztes Kaffeegeschirr.

**REGEL 5: REINIGER GENAU DOSIEREN**
Dosieren Sie den Geschirrreiniger nach den Angaben auf der Packung. Füllen Sie regelmäßig Regeneriersalz nach. Sonst bleibt das Wasser zu hart. Die Folge: Kalkflecken auf dem Geschirr. Darüber hinaus ist Klarspüler erforderlich. Er beschleunigt das Trocknen, verhindert Wasserflecken und Kalkablagerungen auf dem Geschirr und verringert die Oberflächenspannung des Wassers, sodass es tropfenfrei vom Geschirr ablaufen kann. Besonders bequem sind Multitabs: Sie enthalten bereits Klarspüler und Regeneriersalz. Dennoch bringt separater Klarspüler manchmal mehr Glanz und verhindert Trocknungsflecken. Hier hilft Ausprobieren.

**REGEL 6: ABSCHALTEN UND ÖFFNEN**
Schalten Sie die Maschine nach Programmende aus, öffnen Sie die Tür und lassen Sie sie zumindest angekippt, damit der heiße Wasserdampf durch die Öffnung abziehen kann. Das schont vor allem die Gläser und beugt Trocknungsflecken vor.

# WARME DUSCHE?

**BESITZEN SIE KEINE SPÜLMASCHINE** oder wollen Sie nur ein paar Teller abspülen, ist Handarbeit angesagt. Doch die kann ganz schön ins Geld gehen.

Essensreste, die Sie bereits vor dem Spülen als Müll entsorgen, können nicht mehr im Spülbecken landen. Damit die Reste nicht **VERKRUSTEN,** ist es sinnvoll, den Abwasch gleich nach dem Essen zu erledigen.

Fürs Grobe empfiehlt sich eine **SPÜLBÜRSTE.** Ihre Borsten gelangen auch zwischen Gabelzinken, die Maschen von Sieben und die Löcher der Knoblauchpresse. Ein weicher Spülschwamm ist ideal für Gläser und Porzellan.

**TELLER, TÖPFE UND BESTECK** einzeln unter fließendes Wasser halten, auf jedes Teil einen ordentlichen Spritzer Spülmittel geben, um es dann zu schrubben und erneut unterm offenen Wasserhahn abzuspülen – wer derart großzügig mit Wasser und Energie umgeht, wirft Geld zum Fenster hinaus. Leider völlig umsonst: Sein Geschirr wird dadurch nicht einen Deut sauberer.

# HEISSES BAD!

**VIEL SPARSAMER GEHT DER ABWASCH,** wenn Sie das Becken halbvoll mit heißem Wasser füllen und ein, zwei Tropfen Spülmittel dazugeben.

Geschirr trocknet am besten auf einem **ABTROPFGITTER,** Besteck in einem Korb. Wer lieber zum Geschirrtuch greift, sollte dieses oft wechseln und nicht als Topf- oder Putzlappen verwenden, um keine Krankheitskeime zu übertragen.

Je heißer das Spülwasser ist, desto besser löst es Fett vom Geschirr. Wer seine **HÄNDE SCHÜTZEN** will, zieht Gummihandschuhe an.

**ZUERST SPÜLEN SIE DIE GLÄSER,** damit Sie das Wasser nicht gleich wechseln müssen. Dann sind Teller und Besteck dran, am Schluss Pfannen und Töpfe. Hartnäckigen Schmutz lösen Sie mit einer Scheuerspirale. Für beschichtete Teile verwenden Sie einen Spülschwamm mit sanftem Scheuervlies. Saubere Teile in eine Schüssel mit klarem Wasser tauchen, um Schaumreste abzuspülen.

# STRENGE ORDNUNG?

**IN REIH UND GLIED** muss alles stehen? So passt vielleicht mehr Geschirr in die Maschine, doch die Sauberkeit leidet.

**HIER NOCH EIN TELLER, DORT EIN GLAS,** alles perfekt geordnet und dicht beieinander: Mancher macht aus dem Einräumen des Geschirrspülers einen kleinen Staatsakt. Beliebtes Argument: Nur voll beladen spült die Maschine effektiv und sparsam. Außerdem geht das Ausräumen schneller, wenn man das Geschirr schon sortiert hat. Schade nur, dass hier und da noch Essensreste kleben …

# KREATIVES CHAOS!

**HAUPTSACHE, NICHT ZU VOLL GESTOPFT.** Solange die Schwenkarme nicht blockiert werden, bringt ein kontrolliertes Durcheinander sogar Vorteile.

Wasserdruck und Temperatur sind **IM OBEREN KORB** geringer. Hier platzieren Sie empfindliche und wenig verschmutzte Sachen wie Gläser, Tassen, kleine Teller und Schüsseln. Schöpfkelle, Kochlöffel & Co. gehören auf die seitlichen Ablagen. Nach unten kommen Töpfe, Pfannen und größere Teller.

Besteck locker und mit dem Griff nach unten in den **BESTECKKORB** stellen. Trennen Sie Messer von den anderen Besteckteilen – das beugt Flugrost vor.

**GESCHIRR WIRD SAUBER,** wenn das Wasser überall hingelangt und vollständig abläuft. Sind die einzelnen Teile wenig geordnet, lenkt ihre Oberfläche die Wasserstrahlen besser ab, sodass diese jede Ecke erreichen. Deshalb: Zwischen Tellern etwas Abstand lassen. Gefäße mit der Öffnung nach unten und schräg stellen. Töpfe und Schüsseln nicht stapeln, sondern nebeneinander anordnen.

Wetzen Sie Ihre Messer mindestens einmal pro Woche. Um Verletzungen zu vermeiden, führen Sie sie stets vom Körper weg gleichmäßig über den **WETZSTAB.** Reicht der Stab nicht mehr aus, benötigen Sie einen Wetzstein oder Messerschärfer. Viele Hersteller bieten dazu im Internet Videos zur richtigen Schleiftechnik an.

# KLEINE MESSERKUNDE

**Brot schneiden, Fleisch tranchieren,** Gemüse schnippeln – in der Küche brauchen Sie ein sinnvoll bestücktes Messersortiment. Damit sie scharf bleiben, bewahren Sie Ihre Messer im Messerblock auf und schleifen Sie sie ab und zu mit einem Wetzstab oder Schleifstein. Wer seine Messer an eine Magnetleiste klebt, sollte sie stets über den Rücken und nicht über die Klinge lösen. In der Schublade werden Messer dagegen schnell stumpf. Obwohl die meisten spülmaschinentauglich sind, ist das Reinigen per Hand schonender. Am besten erledigen Sie das gleich nach dem Gebrauch und trocknen Klinge und Griff gründlich ab.

1 **SANTOKU:** japanisches Kochmesser mit sehr breiter Klinge (Länge ca. 14 bis 18 cm) zum Schneiden von Fleisch, Fisch und Gemüse.

2 **FLEISCHMESSER:** lange, schmale Klinge (bis 23 cm) zum Schneiden dünner Scheiben (Braten, Schinken etc.).

3 **BROTMESSER:** lange Klinge mit Wellenschliff zum Schneiden von Brot und gefrorenen Lebensmitteln.

4 **KOCHMESSER:** breite, geschwungene Klinge (bis 26 cm lang) zum Zerteilen von Fleisch, Fisch und Gemüse sowie zum Hacken von Kräutern, hinterer Teil zum Zertrennen von Knochen.

5 **FILETIERMESSER:** lange, sehr schmale Klinge, ermöglicht das Filetieren von Fisch und Fleisch sowie hauchdünnes Schneiden von Fleisch.

6 **ALLZWECKMESSER:** schmale, gerade Klinge (bis 15 cm) zum Schälen und Schneiden von Zwiebeln, Obst, Gemüse und kleinen Stücken Fleisch.

7 **KÄSEMESSER:** lange Klinge mit Löchern, Sägezähnen und gegabelter Spitze zum klebefreien Schneiden und Aufspießen von Weichkäse.

8 **TOMATENMESSER:** mittellange Klinge (12 bis 15 cm) mit Sägezähnen zum Schneiden von Gemüse sowie Lebensmitteln mit Schale oder Kruste.

9 **GEMÜSEMESSER:** kurze, gerade Klinge (bis ca. 9 cm Länge), zum Schälen und Schneiden von Obst und Gemüse.

# ABKRATZEN?

**ANGEBRANNTES ESSEN** würden Hobbyköche am liebsten ignorieren. Doch davon werden Topf und Pfanne auch nicht wieder sauber.

**OB FLEISCH, GEMÜSE ODER EINFACH NUR MILCH,** irgendwann lässt jeder mal etwas anbrennen. Das ganze Ausmaß des Fauxpas ist dann unschwer am Topf- oder Pfannenboden abzulesen. Erfahrene Küchenkämpfer raten: Versuchen Sie besser gar nicht erst, dem schwarzen Etwas mit Muskelkraft und einem scharfen Werkzeug zu Leibe zu rücken. Meist ist es einfach stärker als Sie.

# EINWEICHEN!

**NUTZEN SIE DIE KRAFT DES WASSERS:** Alles, was Sie außerdem brauchen, sind ein wirksamer Schmutzlöser und etwas Zeit.

Beim Lösen hartnäckiger Verkrustungen leistet eine **SCHEUERSPIRALE** aus rostfreiem Stahl gute Dienste. Ein mittlerer Härtegrad reicht in aller Regel völlig aus.

Anstelle von **NATRON** hilft auch ein Teelöffel Waschpulver. Mit etwas Wasser aufgießen, auf den Herd stellen und ein paar Minuten leise köcheln lassen.

**ZÜGIG HANDELN HEISST DIE DEVISE.** Zuerst kratzen Sie lose Essensreste mit einem Holz- oder Plastiklöffel ab. Dann streuen Sie etwas Natron in Pfanne oder Topf und bedecken die Verkrustungen mit Wasser. Deckel drauf und ein paar Stunden einweichen lassen. Dann den Bodensatz mit einem Scheuerschwamm entfernen und den Topf ganz normal mit Wasser und Spülmittel spülen.

1
2
3
4
5
6

# KLEINE PFANNENKUNDE

**Die Vielfalt an Bratpfannen ist kaum überschaubar.** Als Grundausstattung benötigt jeder Haushalt eine unbeschichtete Pfanne zum scharfen Anbraten, etwa von Steaks oder Filet. Daneben empfiehlt sich eine beschichtete Pfanne für schonendes Braten, zum Beispiel von Fisch, mit wenig oder sogar ganz ohne Fett. Die Beschichtung besteht in der Regel aus kratzempfindlichem, weniger hocherhitzbarem Kunststoff („PTFE") oder robusterer und hitzebeständigerer Keramik. Reinigen Sie beschichtete Pfannen deshalb mit einem weichen Schwamm, warmem Wasser und eventuell etwas Spülmittel. Manche Modelle dürfen Sie auch in die Spülmaschine stellen. Dagegen sollten Sie Eisenpfannen nur mit einem feuchten Tuch oder klarem Wasser reinigen, damit sich auf ihrer Oberfläche die gewünschte Patina bilden kann.

**1** **EDELSTAHL:** leicht, robust und pflegeleicht, für scharfes Anbraten bei hoher Hitze geeignet, viel Fett/Öl nötig, spülmaschinengeeignet, mit Beschichtung optimal für Gas- und Induktionsherde.

**2** **STAHLEMAILLE:** Edelstahl mit Emailleschicht, glatt, kratzfest, aber stoßempfindlich, zum scharfen (An-)Braten geeignet, keine gute Antihaftwirkung, für alle Herdarten geeignet.

**3** **GUSSEISEN:** noch schwerer als Eisen, langsame Wärmeaufnahme und -abgabe, ideal für Steaks, Bratkartoffeln und Schmorgerichte, alle Herdarten, unbeschichtet sehr pflegeintensiv.

**4** **ALUGUSS:** leicht, meist beschichtet, wenig erhitzbar (Ausnahme: Keramikversiegelung), v. a. für empfindliche Speisen (z. B. Fisch, Omelett), meist nicht für Induktionsherd geeignet.

**5** **SCHMIEDEEISEN:** robust, schwer, schnell erhitzbar, sehr leitfähig, für scharfes Anbraten und langsames Schmoren, für alle Herdarten geeignet, unbeschichtet sehr pflegeintensiv.

**6** **KUPFER:** leicht und extrem leitfähig, gezielte Wärmezufuhr möglich, mit Edelstahl oder PTFE beschichtet, für sanftes Kochen und Schmoren, für Induktionsherde meist nicht geeignet.

# Lagern + Frischhalten

**Ob Obst, Kaffee oder Blumen** – all das soll möglichst lange frisch bleiben. Das klappt jedoch nur, wenn wir die Sachen richtig aufbewahren. So büßen viele Obst- und Gemüsesorten durch Kälte ihr Aroma ein. Da nutzt es wenig, dass sie auch nach Wochen im Kühlschrank noch taufrisch aussehen. Wussten Sie, dass man sich dessen Klimazonen ganz bewusst zunutze machen kann, damit sich Vorräte länger halten? Oder dass das Haltbarkeitsdatum auf der Packung in vielen Fällen in die Irre führt?

# KRÄUTERGLAS?

**DEN RICHTIGEN PEPP** für Suppen und Salate liefern Küchenkräuter. Wenn sie nur nicht so schnell welken würden!

**MACH'S WIE MIT BLUMEN,** stell sie ins Wasser. Dieser Tipp stimmt so nicht, zumindest nicht für kurzstielige Kräuter wie Thymian und Rosmarin. Dagegen halten es Petersilie, Dill, Koriander & Co. ein bis zwei Tage im Wasserglas aus. Dann werden oft die Stiele schleimig, und ins Wasser hängende Blätter beginnen zu faulen. Schon nach kurzer Zeit sind zudem Nährstoffe und Aroma futsch.

# FRISCHEBOX!

**EINE FRAGE DER VERPACKUNG:** Eingehüllt und gut gekühlt bleiben Kräuter länger frisch.

**GEWASCHEN UND GUT ABGESCHÜTTELT** halten sich Kräuter im Gemüsefach des Kühlschranks mehrere Tage. Dazu wickeln Sie sie locker in Frischhaltefolie ein. Auch ein verschließbarer Plastikbeutel oder eine mit feuchtem Haushaltspapier ausgelegte Kunststoffdose eignen sich. Wer sich spätere Arbeit ersparen will, zupft gleich die Blätter ab oder entfernt zumindest die Stielenden.

# MIT GRÜN?

**FRISCH AUS DEM GARTEN.** Ihre grünen Triebe verleihen Möhren, Kohlrabi und Radieschen ein appetitliches Aussehen – lassen sie aber auch schnell schrumpeln.

**DAS AUGE ISST MIT.** In Plastikschalen abgepackt sind Möhren aus dem Supermarkt Geschmackssache. Ganz anders, wenn sie – gekrönt von saftigem Grün – bundweise im Regal liegen. Als Kunde denkt man da an knackige Frische, Vitamine und kerngesunde Natur. Da Möhren aber verdickte Wurzeln sind, entziehen die Triebe ihnen das Wasser und laugen sie so in wenigen Tagen aus.

# MIT BISS!

**DAMIT ES SICH LÄNGER HÄLT,** sollten Sie Wurzelgemüse von Blättern befreien, bevor Sie es in den Kühlschrank legen.

Frisches Grün nicht wegwerfen. Es enthält viele **VITAMINE UND MINERALSTOFFE.** Blätter von Möhren, Radieschen und Kohlrabi eignen sich prima für Suppen und Eintöpfe – oder gehackt in Salaten und Dips.

## EXTRA-TIPP

Auch die Triebe von keimenden Zwiebeln können Sie essen – einfach wie Schnittlauch in den Salat oder Kräuterquark rühren.

**IM GEMÜSEFACH BLEIBEN MÖHREN** zwei, drei Wochen frisch. Eine Lage Haushaltspapier dazwischen gelegt, bannt die Schimmelgefahr. Radieschen und Kohlrabi ohne Grün halten sich im Gemüsefach etwa eine Woche. Wer sich die Mühe macht und sie in ein feuchtes Küchentuch wickelt, holt ein paar Tage mehr heraus. Extra-Tipp: Wurzelgemüse vor dem Lagern nicht waschen!

# KNOCHENHART?

**UNREIFES OBST SCHMECKT NICHT,** trotzdem sind die Regale voll davon. Wer nicht aufpasst, beißt sich zu Hause die Zähne aus.

Bei Kiwis hilft ein leichter Daumendruck, um den **REIFEGRAD** festzustellen, bei Beerenobst meist das Aussehen. Reife Wassermelonen klingen beim Klopfen hohl, und aus dem Schopf einer reifen Ananas lassen sich die inneren Blätter leicht herausziehen.

## EXTRA-TIPP

Galia-Melonen, Ananas und Erdbeeren duften sehr aromatisch, wenn sie reif sind.

**VIELE KUNDEN GREIFEN** im Supermarkt nichtsahnend nach unreifem Obst. Daheim einfach ein paar Tage zu warten hilft oft nichts: Ananas, Weintrauben und Orangen werden dadurch kein bisschen weicher oder süßer. Auch Erdbeeren, Himbeeren und Brombeeren macht das Herumliegen eher matschig. Selbst Früchte, die eigentlich noch nachreifen, bleiben oft knochenhart.

# BUTTERWEICH!

**IM HEIMISCHEN OBSTKORB** lässt sich der Reifeprozess vieler Sorten beschleunigen. Worauf es ankommt, sind die richtigen Nachbarn.

**VIELE FRÜCHTE REIFEN NACH.** Äpfel, Birnen und Pfirsiche tun uns diesen Gefallen – Bananen, Nektarinen und Honigmelonen auch. Um diesen Prozess zu beschleunigen, legen Sie einfach einen Apfel daneben. Aber aufpassen: Bereits reife Früchte verderben in dieser Nachbarschaft schnell. Kiwis, Mangos oder Pfirsiche, die schon weich sind, legen Sie deshalb besser in den Kühlschrank.

# AROMAVERPACKUNG?

**LICHT, LUFT UND WÄRME** setzen geröstetem Kaffee zu. Wer das Aroma nicht schützt, hat bald ranzige Plörre in der Tasse.

**IST DIE PACKUNG EINMAL OFFEN,** behält gemahlener Kaffee nur ein paar Tage ein akzeptables Aroma. Selbst darauf können Sie sich nur verlassen, wenn Sie die Tüte dicht verschließen oder – noch besser – sie in ein luftdichtes Gefäß stellen. Schütten Sie gemahlenen Kaffee in eine Vorratsdose um, duftet es zwar herrlich, doch leider ist das genau das Aroma, das Ihrem Kaffee später fehlt.

# AROMATRESOR!

**KAFFEEBOHNEN SCHLIESSEN** den Geschmack von geröstetem Kaffee optimal ein und geben ihn erst beim Mahlen frei.

**KAFFEE MUSS FRISCH SEIN** – nach diesem Motto verfahren Kenner. Alles, was es dazu braucht, ist eine Kaffeemühle und etwas Geduld, um die Bohnen zu Pulver zu mahlen. Da aber auch sie ihr Aroma verlieren, gehören sie in ein Gefäß, das sie vor Luft und Licht schützt. Ideal ist eine Keramikdose mit Gummidichtung, die Sie am besten an einem kühlen, trockenen Ort aufbewahren.

# Richtig lagern:

## Brot + Brötchen

**EIN TOPF AUS TON ODER STEINGUT** ist der ideale Aufenthaltsort für Brot. Seine Poren nehmen überschüssige Flüssigkeit auf und geben sie bei Bedarf wieder ab. Extra-Tipp: Steht Brot mit der Schnittfläche nach unten, trocknet es langsamer aus.

## Gries + Graupen

**VERSCHLIESSBARE GLÄSER UND DOSEN** eignen sich hervorragend für Trockenprodukte wie Getreidekörner, Hafer- und Maisflocken sowie Hülsenfrüchte, Trockenobst, Reis und Nudeln. Schützen Sie sie insbesondere vor Feuchtigkeit!

## Äpfel + Birnen

**IN DER OBSTSCHALE** büßen Äpfel schon nach kurzer Zeit Säure, Vitamin C und sekundäre Pflanzenstoffe ein. Am besten ist deshalb die Lagerung im Kühlschrank in einer perforierten Plastiktüte. Darin fühlen sich auch Birnen am wohlsten.

## Tee + Gewürze

**LICHTDICHTE GEFÄSSE** aus Holz, Porzellan oder rostfreiem Metall bieten losem Tee optimale Bedingungen, um sein Aroma zu bewahren – am besten bei rund 19 Grad. Für Gewürze eignen sich dunkle Gläser mit Schraubverschluss.

## Mehl + Stärke

**BLECHDOSEN MIT BÜGELVERSCHLUSS** sorgen dafür, dass Mehl und Stärke trocken und lichtgeschützt lagern. Um Temperatur- und Feuchtigkeitsschwankungen zu vermeiden, die Dosen nicht über dem Herd oder am Fenster aufbewahren.

## Kartoffeln + Kohl

**EINE LUFTIGE HOLZKISTE** in einem dunklen, 4 bis 8 Grad kühlen Raum (z.B. Speisekammer) ist ideal, um Kartoffeln zu lagern. Ist es zu hell, beginnen sie zu keimen. Kohlköpfe halten sich in einem kühlen Raum oder im Kühlschrank wochenlang.

## Zwiebeln + Lauch

**EIN KERAMIKTOPF MIT DECKEL** lässt Zwiebeln atmen. Dunkel und trocken gelagert, treiben sie nicht aus oder faulen. Lauch lieber im Gemüsefach des Kühlschranks lagern. Ist die Stange zu lang, quer halbieren und beide Teile in Folie verpacken.

## Öle + Pflanzenfette

**DICHT VERSCHLOSSENE ORIGINALBEHÄLTER** (Flaschen oder Blechkanister) an einem dunklen, kühlen Ort lagern. Das genügt, um Öl bis zu 8 Wochen frisch zu halten. Feste Pflanzenfette (z.B. Palm- und Kokosfett) gehören in den Kühlschrank.

# ABGELAUFEN?

**BLOSS WEG DAMIT!** Lebensmittel, die ihr Mindesthaltbarkeitsdatum (MHD) erreicht haben, wandern in vielen Haushalten in den Müll.

**SCHULD IST EIN IRRTUM:** Leicht verderbliche tierische Lebensmittel tragen ein Verbrauchsdatum. Nach dessen Ablauf sollte man Hackfleisch oder Geflügel tatsächlich nicht mehr essen. Dagegen bezeichnet das Mindesthaltbarkeitsdatum lediglich den Tag, bis zu dem Hersteller für die Qualität der Ware bürgen. Das heißt keineswegs, dass Joghurt, Reis oder Apfelsaft schlagartig verderben.

# AUFGEBRAUCHT!

**SCHAUEN, SCHNUPPERN, SCHMECKEN** – wer seinen Sinnen vertraut, kann die sinnlose Verschwendung stoppen.

Für geöffnete Verpackungen gilt das MHD nicht, da deren Inhalt **SAUERSTOFF,** Feuchtigkeit und Mikroorganismen ausgesetzt ist und schneller verderben kann.

Als Faustregel gilt: Je länger die **ZEITSPANNE** bis zum Mindesthaltbarkeitsdatum ist, desto länger hält sich ein Produkt auch darüber hinaus.

## ACHTUNG!

Bezieht sich das MHD auf eine bestimmte Lagertemperatur, muss diese angegeben sein.

**ORIGINAL VERPACKTE LEBENSMITTEL** haben eine zweite Chance verdient. Zwar kann niemand sagen, wie lange sich der Quark, die Käsescheiben oder die Frischmilch noch halten – doch ein paar Tage sind meist drin, zum Teil sogar mehrere Wochen. Sieht ein Lebensmittel jedoch seltsam aus, riecht es streng oder schmeckt es fade, können Sie es immer noch entsorgen – guten Gewissens.

# KÄLTEKANDIDATEN – WER GEHÖRT WOHIN?

**OPTIMAL TEMPERIERT HALTEN LEBENSMITTEL LÄNGER.** Da es im Kühlschrank nicht überall gleich kalt ist, entscheidet der Platz.

**WARME LUFT STEIGT NACH OBEN,** kalte sinkt nach unten. Wussten Sie, dass dieses Prinzip auch in den meisten Kühlschränken gilt? In ihrem Inneren kann die Temperatur um bis zu 8 Grad schwanken! Die so entstehenden Klimazonen lassen sich für verschiedene Lebensmittel gezielt nutzen. Die kältesten Stellen sind Rückwand und Glasplatte. In Gemüse- und Türfächern ist es dagegen wärmer. Nur Umluft-Geräte kühlen – mit Ausnahme abgeschlossener Fächer – überall gleich. Faustregel: Im Schnitt sollten 5 bis 7 Grad herrschen, darüber steigt das Bakterienwachstum sprunghaft an. Falls Sie kein Kühlschrank-Thermometer haben, legen Sie sich am besten eins zu.

## Clever kühlen 1: Richtig aufstellen

**LÄSST ES IHRE WOHNUNG ZU,** dann gönnen Sie Ihrem Kühlschrank ein schattiges Plätzchen. Neben Herd oder Spülmaschine und erst recht unter Sonneneinstrahlung frisst er Ihnen die Haare vom Kopf – energetisch gesehen. Andererseits darf er auch nicht zu kalt stehen, weil er dann nicht effizient arbeitet. Um das Budget zu schonen, achten Sie schon beim Kauf auf die richtige Größe: Für ein bis zwei Personen reichen im Schnitt 140 Liter, für jede weitere Person rechnen Sie 60 Liter hinzu.

## Clever kühlen 2: Sinnvoll einstellen

**DAUERND AM RAD ZU DREHEN** kann in Sachen Kühlschrank heftig ins Geld gehen. Bei den meisten Geräten reicht schon Stufe 1 aus, um Lebensmittel ausreichend zu kühlen. Jedes Grad weniger an Innentemperatur erhöht den Stromverbrauch um sechs Prozent. Faustregel: Lässt sich die Butter nicht mehr streichen, ist es im Kühlschrank zu kalt. Cooler Trick: Stellen Sie tiefgefrorene Speisen zum Auftauen bereits am Vortag in den Kühlschrank. Ihre Kälte kühlt die anderen Lebensmittel mit.

## Clever kühlen 3: Öfter mal abtauen

**BESITZT IHR KÜHLSCHRANK** keine No-Frost-Automatik, sollten Sie das Gefrierfach öfter abtauen. Schon zwei Millimeter dickes Eis kostet 15 Prozent mehr Strom! Schalten Sie den Kühlschrank aus, stellen Sie eine Schüssel mit heißem Wasser ins Gefrierfach und schließen Sie die Tür. Um das Tauwasser aufzufangen, legen Sie Frotteehandtücher vor den Kühlschrank und stellen Sie unten ein tiefes Backblech hinein. Dickere Eisplatten lösen Sie mit einem Pfannenwender aus Holz oder Plastik.

## Clever kühlen 4: Einfach entwässern

**STEHT WASSER AUF DEM KÜHLSCHRANKBODEN,** ist meist das Loch am Fuß der Ablaufrinne verstopft. Diese befindet sich an der Innenseite der Rückwand. Stoßen Sie das Loch vorsichtig mit einem Wattestäbchen durch – schon bleibt der Boden trocken! Warum? Ganz einfach: Durch das Abláufloch läuft Kondenswasser ab, das sich im Kühlschrankinneren bildet. Das Wasser wird auf der Rückseite über einen Schlauch in die Auffangschale des Kühlaggregates geleitet, wo es verdunstet.

# EINFRIEREN UND AUFTAUEN

Vorräte anlegen liegt in der Natur des Menschen – jeden Tag einkaufen gehen nicht. Sie nicken? Doch was tun Sie mit Lebensmitteln, die Sie nicht innerhalb weniger Tage verbrauchen, die sich aber nicht ewig halten? Genau: Sie frieren sie ein und können Ihre Vorräte noch nach Monaten genießen – sofern Sie ein paar Dinge beachten.

### KÄLTESCHLAF VORBEREITEN

Zum einen sollten Sie Ihre Schätze nicht zu lange horten. Auch bei minus 18 Grad setzt irgendwann der Alterungsprozess ein (siehe Tabelle rechts). Zum anderen wollen viele Lebensmittel sorgsam auf den Kälteschlaf vorbereitet werden. Einige nehmen Fehler ausgesprochen übel und wären dann nach dem Aufwachen reif für die (Müll-)Tonne.

### REGEL 1: GEMÜSE BLANCHIEREN

Bereitwillige Kältekandidaten sind die meisten Gemüsesorten. Damit Erbsen, Möhren, Brokkoli, Kohl und Lauch nicht verderben oder matschig werden, geben Sie sie nach dem Waschen, Putzen und Kleinschneiden für ein, zwei Minuten in kochendes Wasser – Profis nennen das Blanchieren. Danach in Eiswasser abschrecken, abtropfen lassen und in einem Gefrierbeutel oder einer Plastikdose einfrieren. Bei hellen Gemüsen wie Blumenkohl und Kohlrabi hilft ein Schuss Essig oder Zitronensaft im Kochwasser, um die Farbe zu erhalten. Übrigens: Pilze und Zucchini können roh in die Kälte.

### REGEL 2: PORTIONSWEISE EINFRIEREN

Was der Frost zusammenfügt, kann der Mensch kaum noch trennen. Anders gesagt: Einzelne Brotscheiben zu entnehmen oder ein Stück Hackfleisch abzubrechen ist mühsam bis unmöglich. Verpacken Sie Schnitzel, Fischfilets und Ähnliches deshalb einzeln. Hackfleisch walzen Sie mit dem Nudelholz platt und frieren es portionsweise ein – so lässt es sich sogar stapeln! Auch aus Gemüse, Wurst und Brot machen Sie bedarfsgerechte Portionen. So frieren die Lebensmittel auch schneller durch, und Sie vermeiden es, Aufgetautes erneut einzufrieren. Das ist zwar gesundheitlich unbedenklich, solange es weniger als zwei Stunden draußen stand. Konsistenz und Geschmack können allerdings leiden. Nicht erneut einfrieren sollten Sie dagegen aufgetautes Geflügel und Speiseeis. Unproblematisch ist es dagegen, Eis antauen zu lassen, um es aus der Plastikverpackung zu bekommen! Extra-Tipp: Kleben Sie auf Beutel und Dosen immer einen Tiefkühlaufkleber (Schreibwarenhandel!), auf dem Sie notieren, was Sie eingefroren haben – und vor allem wann!

### REGEL 3: LUFTDICHT VERPACKEN

Je weniger Luft an Fleisch und Fisch gelangt, desto geringer die Gefahr von Gefrierbrand. Außerdem lässt sich so das Bakterienwachstum ausbremsen. Viele Fleischer und Fischhändler vakuumieren auf Wunsch beim Kauf. Sie haben einen Vakuumierer zu Hause? Umso besser. Andernfalls nehmen Sie Fleisch oder Fisch nach dem Kauf aus der Tüte, Folie oder Plastikverpackung, legen es in einen Gefrierbeutel und streichen möglichst viel Luft heraus. Beutel schließen, einfrieren, fertig! Zeigt sich später trotz aller Mühe Gefrierbrand, also weißliche bis graubraune Verfärbungen, machen Sie besser keine Experimente. Gefrierbrand ist nicht giftig, ruiniert aber Geschmack und Konsistenz.

### REGEL 4: TRICKS FÜRS AUFTAUEN

Den Rinderbraten oder das Hähnchen zum Auftauen auf die Heizung legen? Nicht so clever. Das Essen – samt den sich rasant vermehrenden Salmonellen & Co. – schlägt dann eventuell auf den Magen. Soll das Auftauen schnell gehen, leistet die Mikrowelle gute Dienste – obwohl ein Braten gern mal eine Stunde braucht. Ansonsten gilt: Fleisch, Fisch und Geflügel abgedeckt im Kühlschrank auftauen. Tiefkühlpizza, Pommes und Brötchen können sofort in den Backofen, Gemüse direkt ins kochende Wasser. Gefrorene Brotscheiben tauen Sie im Toaster auf, ganze Brote packen Sie für zehn Minuten bei 200 Grad in den Backofen. Das Hackfleisch für die Sauce Bolognese ist noch steinhart? Wer keine Mikrowelle hat, legt es in eine beschichtete Pfanne und stellt den Herd auf geringe Hitze. Jetzt den Block minütlich wenden und getautes Fleisch mit dem Pfannenwender abschaben, damit nichts verbrennt.

**WAS HÄLT SICH WIE LANGE?**

| | |
|---|---|
| Fettes Schweinefleisch | 4 Monate |
| Mageres Schweinefleisch | 8 Monate |
| Kalb- und Rindfleisch | 12 Monate |
| Ganze Hähnchen, Enten und Gänse | 12 Monate |
| Rohes Hackfleisch | 3 Monate |
| Gebratenes Hackfleisch | 6 Monate |
| Fetter Fisch | 4 Monate |
| Magerer Fisch | 10 Monate |
| Frisches Gemüse | 12 Monate |
| Erd-, Him- und Brombeeren | 10 Monate |
| Selbstgekochte Suppen und Eintöpfe | 3 Monate |
| Gekochter Reis und Nudeln | 6 Monate |
| Butter | 8 Monate |
| Nuss- und Mandelkerne | 12 Monate |
| Marmor- und Rührkuchen | 6 Monate |
| Kaffeebohnen und -pulver | 6 Monate |

## Tiefkühltrick 1: Zitronen + Zesten

**IMMER GRIFFBEREIT.** Oft ist in Rezepten von geriebener Zitronenschale die Rede. Doch wer hat dann schon unbehandelte Zitronen im Haus? Kaufen Sie sich bei Gelegenheit ein ganzes Netz, reiben oder hobeln Sie die Schalen ab (mit einer Zitronenreibe oder einem Zestenreißer) und frieren Sie Stücke oder Späne in einem Gefrierbeutel ein. Beides lässt sich gefroren problemlos entnehmen. Übrigens: Auch den Saft der Zitronen können Sie einfrieren – am besten portioniert in einem Eiswürfelbehälter.

## Tiefkühltrick 2: Teig + Torten

**SCHNELL GEBACKEN.** Wer öfter Pizza oder Kuchen bäckt, kann größere Mengen Hefeteig herstellen und portionsweise einfrieren (Gefrierbeutel). Den Teig vor dem Backen im Kühlschrank oder daneben (geht schneller!) auftauen lassen und ausrollen. Auf nochmaliges Gehenlassen können Sie verzichten. Auch fertiger Biskuit-Tortenboden lässt sich problemlos einfrieren – genauso wie Rühr- bzw. Marmorkuchen sowie Torten. Extra-Tipp: Torten bereits vor dem Einfrieren in Stücke schneiden.

## Tiefkühltrick 3: Säfte + Saucen

**GANZ SCHÖN FLÜSSIG.** Saftpresse oder Standmixer nur für ein, zwei Gläser anzuwerfen lohnt sich kaum. Praktisch, dass sich Smoothies und Fruchtsäfte einfrieren lassen. Dasselbe gilt für Fonds und Saucen. Als Behälter eignen sich je nach Portionsgröße Gefrierbeutel oder -dosen. Eine pfiffige Idee sind Muttermilchflaschen: Sie sind lebensmittelecht, elastisch und halten dicht. Da Flüssigkeiten sich aber beim Einfrieren ausdehnen können, sollten Sie die Flaschen nur bis ca. drei Viertel füllen.

## Tiefkühltrick 4: Fotos + Filme

**NEGATIV UND POSITIV.** Fotofans, die auch im Digitalzeitalter analog ticken, können sich einen Filmvorrat anlegen. Filme einfach in der Originaldose bzw. -folie lassen, Kaufdatum draufschreiben und einfrieren. Auch nach zehn Jahren gelingen noch tolle Fotos oder Dias. Filme zum Auftauen zehn Minuten in die Hosentasche stecken, auspacken und einlegen. Auch entwickelte Filmstreifen und Dias lassen sich in der Gefriertruhe konservieren – sollten dazu aber in Folie geschweißt werden.

Wer seine Kühltasche verwenden will, aber die Akkus dafür nicht mehr findet, kann sich mit zwei, drei **PLASTIKFLASCHEN** behelfen: Die Flaschen zu zwei Dritteln mit kaltem Wasser füllen und anschließend für einige Stunden ins Gefrierfach legen.

# GUT GEKÜHLT GENIESSEN

**Kalte Getränke?** Klar, die liegen in gut organisierten Haushalten griffbereit im Kühlschrank. Was aber, wenn Sie auf dem Balkon vor dem leeren Bier- oder Weißweinglas sitzen und keine Lust haben, schon wieder zum Kühlschrank zu flitzen? Was, wenn der Biervorrat für die Party jede Dimension sprengt oder einfach kein Kühlschrank in Reichweite ist? Dann muss Kühlen ohne Strom funktionieren – und das tut es!

Glücklich, wer daran gedacht hat, im Gefrierfach **EISWÜRFEL** herzustellen. Das geht übrigens auch in vollen Fächern, die keine ebene Unterlage für die Formen bieten – mit Eiswürfelbeuteln aus der Drogerie. Alternative: Sie holen sich im Supermarkt oder an der Tankstelle **GESTOSSENES EIS.**

Letzteres eignet sich auch perfekt für Partys: Passt der Getränkevorrat nicht in den Kühlschrank, kippen Sie das gestoßene Eis ins Spülbecken oder die Badewanne und graben die Flaschen darin ein!

Der beste Trick, um Getränke möglichst schnell zu kühlen: Eiswürfel und Wasser zu gleichen Teilen in einen Eimer schütten und ein Kilogramm **KOCHSALZ** dazugeben. Dann mischen, die Flaschen hineinstellen – und staunen: Durch das Salz kühlt die Lösung in wenigen Minuten bis auf den Gefrierpunkt!

Für die Flasche Wein auf Balkon oder Terrasse ist eine **KÜHLMANSCHETTE** optimal. Diese sollte stets im Gefrierfach liegen. Bei Bedarf bringt sie im Handumdrehen einzelne Flaschen auf Trinktemperatur. Super in Situationen, in denen Tempo gefragt ist.

Hat die Flasche schon im Kühlschrank gestanden, reicht ein **WEINKÜHLER.** Zwischen seiner doppelwandigen Hülle befindet sich ein Vakuum, das das Erwärmen der Flasche für etwa zwei Stunden bremst. Vorteil: Sie brauchen kein Eis.

Haben Sie nichts von alledem oder sitzen Sie gerade beim Picknick im Park, wickeln Sie ein **NASSES TUCH** um die Flasche. Die Verdunstungskälte sorgt wenigstens für ein paar Grade weniger. Am Badesee stellen Sie die Getränke am besten ins Wasser – aber so, dass sie nicht wegschwimmen!

## Frische Blumen 1: Lauwarmes Wasser

**HANDWARM STATT KALT.** Wer Blumen erschrecken will, stellt sie in eiskaltes Wasser – wer lange etwas von ihnen haben will, in handwarmes. Nur Tulpen und Narzissen mögen es kühler. Füllen Sie die Vase zu zwei Dritteln, bei Gerbera und Tulpen zu einem Drittel, bei Sträußen bis zur Bindestelle. Nur Rosen wollen eine volle Vase. Reinigen Sie diese vorher gründlich, sonst lassen Bakterien die Blumen schnell verwelken. Wechseln Sie täglich das Wasser, und spülen Sie auch die Stiele ab.

## Frische Blumen 2: Schräge Schnitte

**MESSER STATT SCHERE.** Schneiden Sie jeden Stiel mit einem scharfen Messer schräg an und stellen Sie die Blumen sofort ins Wasser. Holzige Stiele, etwa von Rosen, bekommen mit 6 bis 8 Zentimetern eine extralange Schnittfläche – oder werden von unten gespalten. Schneiden Sie nie auf einem Brett oder mit der Schere, das quetscht die Leitungsbahnen. Entfernen Sie Blätter und Triebe, die in der Vase unter Wasser stünden. Sie würden schnell faulen und das Wasser verunreinigen.

# Frische Blumen 3: Starkes Pulver

**TÜTEN STATT MYTHEN.** Zucker, Kupfermünzen, Schmerztabletten – viele schwören auf exotische Wasserbeigaben. Doch meist wirken sie nicht oder fördern, wie Zucker, die Fäulnis. Auch das verbreitete Brühen der Stielenden von Sonnenblumen in kochendem Wasser verkürzt eher deren Lebensdauer. Am besten wirkt das Frischhaltemittel, das der Blumenhändler spendiert: Das Pulver aus dem Tütchen verlangsamt unter anderem das Bakterienwachstum und das Verstopfen der Kapillaren.

# Frische Blumen 4: Sanfte Nachhilfe

**HANDELN STATT SCHIMPFEN.** Ihre Blumen lassen die Köpfe hängen? Schimpfen Sie nicht auf den Floristen – schneiden Sie sie neu an. Einen Versuch ist es auch wert, sie dann für fünf Minuten in ca. 60 Grad heißes Wasser zu stellen. Tulpen legen Sie eine straffe Hülle aus Papier um und lassen Sie so einige Stunden in der Vase stehen. Extra-Tipp: Gehen große Knospen, etwa von Pfingstrosen, nicht auf, hilft es oft, die Blütenblätter mit Wasser zu betupfen und vorsichtig voneinander zu lösen.

# Flecken, Kalk + Schimmel

**Wo Wasser fließt, ist auch Kalk nicht weit.** Folglich hinterlässt er vor allem in Küche und Bad seine Spuren – vom milchigen Fleck bis zur harten Kruste. Mal nicht aufgepasst, schon prangen Flecken anderer Art auf Kleidern, Sofapolstern und Tischdecken. Die gute Nachricht: Wer schnell reagiert, bekommt Rotwein, Fett oder Rost mit wenig Aufwand wieder weg. Anders bei Schimmel in der Wohnung. Gegen ihn sind Hausmittel machtlos – da hilft oft nur Chemie. Besser, Sie lassen ihn gar nicht erst herein!

# RAUSREIBEN?

**TEMPO, TEMPO – ABER MIT KÖPFCHEN.** Wer rasch handelt, bekommt frische Flecken gut heraus. Doch nicht mit Muskelkraft.

Behandeln Sie Flecken niemals mit heißem Wasser! Durch die Wärme werden sie **FIXIERT** und lassen sich danach nur noch schwer oder gar nicht mehr beseitigen.

Je länger ein Fleck einwirken kann, desto größer die Gefahr, dass er in die Fasern **EINDRINGT** und Schäden hinterlässt. Besonders empfindlich sind Wolle und Seide.

## PROFI-TIPP

Gröberen und lose aufliegenden Schmutz nehmen Sie mit einem sauberen Löffel vorsichtig auf.

**DAS DARF NICHT WAHR SEIN!** Schon wieder gekleckert. Am besten gleich ein Geschirrtuch anfeuchten und kräftig auf Sofapolster oder Tischdecke herumrubbeln. Falsch! Auf diese Weise arbeiten Sie Flüssigkeiten in die Textilfasern ein. Außerdem verändert Reibung die Oberflächenstruktur. Folge: Die gescheuerten Stellen bleiben sichtbar, selbst wenn der Fleck längst weg ist.

# WEGTUPFEN!

**FINGERSPITZENGEFÜHL GEFRAGT:** Auf die sanfte Tour erreichen Sie am meisten – und schonen die Textilien.

Nach dem Tupfen wischen Sie sanft mit einem **FEUCHTEN TUCH** von den Fleckrändern zur Mitte. Etwas Spülmittel hilft, Fett zu lösen.

Als Alternativen zu Spülmittel oder Seife eignen sich **HAARSHAMPOO** sowie flüssige Gallseife. Beides lässt sich auch nacheinander verwenden.

## PROFI-TIPP

Damit auf Polstern keine Wasserränder bleiben, wischen Sie zum Schluss mit einem nebelfeuchten Tuch über die gesamte Fläche.

**MIT EINEM TUCH** nehmen Sie so viel Flüssigkeit wie möglich auf. Eiweißhaltige Flecken (z. B. Blut) behandeln Sie danach mit kaltem Wasser und etwas Spülmittel. Für Rotwein-, Zucker- und alle anderen Flecken sollte das Wasser handwarm sein. Wichtig: Flecken auf wasserempfindlicher Kleidung tupfen Sie nur ab und bringen das betroffene Stück dann in die Textilreinigung.

# DER FLECK MUSS WEG – ABER WIE?

Wer öfter mal beim Essen kleckert, Sachen verschüttet oder Kinder hat, kennt Flecken zur Genüge. Sie entstehen, wenn man sie am wenigsten braucht, und fast immer an

Stellen, die ins Auge stechen. Die gute Nachricht: Flecken gehen meist auch wieder weg. Egal ob Kaffee oder Rotwein, Gras oder Ruß – selbst hartnäckige Spuren lassen sich oft mit verblüffend einfachen Mitteln beseitigen.

**REGEL 1: FLECKENHELFER BEREITHALTEN**
Um auf Flecken sofort reagieren zu können, ist es sinnvoll, wenn Sie stets einen kleinen Vorrat an folgenden Substanzen zu Hause haben: Spül- und Vollwaschmittel, Essig, Zitronensaft, Brennspiritus, Gallseife, ein Bleichmittel (etwa 3-prozentiges Wasserstoffperoxid) sowie verdünnten Salmiakgeist aus der Drogerie. Womit Sie welche Flecken behandeln, lesen Sie auf S. 143.

**REGEL 2: AUF FRISCHER TAT ERTAPPEN**
So ein Fleck verändert sich im Lauf seines Lebens: Liegt etwa eine Flüssigkeit zu Beginn noch oberflächlich auf dem Stoff auf, sickert sie schon Sekunden später in das Gewebe von Sakko, Sommerkleid oder Sofapolster ein. Je tiefer ein Fleck in das Material vordringt, desto anhänglicher wird er. Ist er erst getrocknet und hat sich mit den

Fasern verbunden, ist er nur noch schwer zu beseitigen. Wer ihn sich ohne Zeitverzug vorknöpft, ist im Vorteil (siehe S. 138).

**REGEL 3: KEINE HEKTIK VERBREITEN**

Möglichst schnell zu reagieren heißt aber nicht, dass Sie in Aktionismus verfallen sollen! Es geht dabei nicht um Sekunden, sondern allenfalls um Minuten! Wer Flecken unsachgemäß behandelt oder einfach mit Seife oder heißem Wasser darauflos schrubbt, richtet unter Umständen mehr Schaden als Nutzen an. Nehmen Sie sich ruhig die Zeit für ein paar Vorüberlegungen!

**REGEL 4: FLECKENART BESTIMMEN**

Nicht jedes Mittel wirkt gegen jeden Fleck – auch auf sogenannte Universal-Fleckentferner ist hier kein Verlass (siehe auch S. 144). Klären Sie deshalb zunächst, um welche Fleckenart es sich handelt. Das ist relativ leicht, wenn Ihnen das Rotweinglas umgefallen ist oder Sie sich Olivenöl aufs Hemd geschüttet haben. Komplizierter liegen die Dinge schon, wenn es sich um eine Mischung verschiedener Substanzen handelt (siehe S. 147).

**REGEL 5: MATERIAL PRÜFEN**

Von robusten Textilien aus Baumwolle oder Leinen lassen sich die meisten Flecken problemlos entfernen. In sehr dicht gewebten Fasern kann sich ein Fleck dagegen festsetzen. Ähnlich problematisch kann sehr lockeres Gewebe sein. Hier gilt: Auf keinen Fall reiben, sonst verschieben sich die Fasern! Aus Synthetikfasern verschwinden viele Flecken leicht. Spezialfälle sind Wolle und Seide: Aus Wollsachen gehen Fettflecken oft wie von Zauberhand heraus, da sich das Fett im Gewebe verteilt. Trotzdem sollten Sie die Stelle aus hygienischen Gründen mit etwas Salmiakgeist behandeln. Sein Vorteil: Bei handelsüblichen Verdünnungen wird selbst Wolle nicht beschädigt. Auf Seide und der seidenähnlichen Kunststofffaser Rayon können nach dem Fleckentfernen hingegen Wasserflecken zurückbleiben.

## REGEL 6: IHRE GRENZEN ERKENNEN

Ist ein Fleck schon älter oder das Material sehr empfindlich, sollten Sie die Sache einem Textilreiniger überlassen. Das gilt generell für Textilien aus Seide, für Kaschmirpullis sowie andere wertvolle Stücke aus Tierhaar – und für nicht waschbare Sachen wie Blazer, Anzüge und Mäntel. Bei Flecken auf Lederkleidung sollten Laien allenfalls gröbere Verschmutzungen entfernen. Oft geht das mit Milch recht gut. Merke: Wird Tierhaut auf unsachgemäße Weise Fett entzogen, bleiben immer Spuren zurück.

## REGEL 7: STAUB NICHT EINREIBEN

Vorsicht bei lose aufliegenden Staubpartikeln wie Blütenpollen, Tonerstaub von Laserdruckern oder Ruß: Mit Lappen oder Schwamm reiben Sie diese nur in die Fasern ein. Nehmen Sie den Staub stattdessen mit einem Stück Klebestreifen auf und wiederholen Sie das Ganze mehrmals.

## REGEL 8: STOFFSCHÄDEN VERMEIDEN

Gegen lösungsmittelhaltige Klebstoffe und Nagellack kann Aceton helfen, wie es in Nagellackentfernern enthalten ist. Das gilt jedoch nicht für Textilien aus Acetat. Da dieses fast dieselben Eigenschaften wie Seide hat, erfreut es sich als Material für Damenunterwäsche, Blusen und Kleider großer Beliebtheit. Der Haken: Acetatfasern lösen sich auf, sobald sie mit Aceton in Berührung kommen. Bekommen Acetatfasern Kleber oder Nagellack ab, hilft nicht einmal acetonfreier Nagellackentferner: Das Material ist bereits so geschädigt, dass sich Spuren nicht mehr restlos beseitigen lassen.

## REGEL 9: FLECKEN DURCHTUPFEN

Handelt es sich um ein waschbares Kleidungsstück oder eine Tischdecke, entfernen Sie zunächst Flüssigkeit oder losen Schmutz auf der Oberfläche (siehe S. 138/139) und legen dann ein trockenes, saugfähiges Tuch unter die betroffene Stelle. Tropfen Sie danach etwas Wasser darauf – am besten destilliertes Wasser oder Mineralwasser mit Kohlensäure – und tupfen Sie dieses mit einem sauberen Tuch oder Taschentuch vorsichtig wieder ab. Wiederholen Sie das Prozedere mehrmals. Auf diese Weise verdünnen Sie die Flecksubstanz, lösen Bestandteile des Flecks schonend aus dem Textil heraus und übertragen diese auf das untergelegte Tuch.

## REGEL 10: IN DIE MASCHINE STECKEN

Um Reste des Flecks zu entfernen, waschen Sie das Kleidungsstück anschließend in der Waschmaschine. Hinweise dazu liefert Ihnen – soweit im Kleidungsstück vorhanden – das Pflegeetikett. Grundsätzlich gilt: Am besten gegen Flecken wirken Vollwaschmittel (siehe S. 145).

# Sofortmaßnahmen gegen Flecken

Wenn Sie nicht Ewigkeiten damit warten, haben Sie **gute Chancen, Flecken spurlos zu entfernen**. Hier steht, wie's geht.

**EIWEISS** Milch-, Blut- und Eiflecken behandeln Sie mit kaltem Wasser – sonst wird das Eiweiß im Stoff fixiert. Geben Sie zusätzlich etwas Spülmittel auf die Stelle.

**FETT, ÖL, ERDE, RUSS** Ist der Fleck frisch, behandeln Sie ihn mit einem Tropfen Spülmittel und etwas Wasser. Bei tierischen und pflanzlichen Fetten hilft auch Salmiakgeist.

**ZUCKER UND HONIG** Flecken von Süßigkeiten lösen sich meist in warmem Wasser. Waren diese gefärbt, betupfen Sie den Fleck zusätzlich mit Zitronensäure.

**SCHOKOLADE/EIS** Eventuelle Reste entfernen, Fleck danach mit Gallseife, Waschmittellauge oder Spülmittel lösen.

**KAFFEE, TEE, COLA, OBST, GEMÜSE** Gerbstoffhaltige Flecken betupfen Sie mit Wasser und Seife/Spülmittel. Falls nötig, lösen Sie den Gerbstoff mit Zitronensäure und bleichen den Fleck mit Vollwaschmittel. Danach waschen.

**SENF/KETCHUP** Mit kaltem Wasser abtupfen, in Seifenlauge auswaschen.

**ROTWEIN** Tupfen Sie den Fleck mit einem Papiertaschentuch oder einer Serviette ab und waschen Sie ihn mit Wasser aus. Reste mit Essig oder Zitronensäure behandeln und eventuell bleichen.

**GRAS** Fleck mit Zitronensaft, Essig oder Spiritus beträufeln und einwirken lassen.

**HARZ** Mit weichem Tuch und Spiritus behandeln, robuste Stoffe vertragen auch Universalverdünnung oder Aceton.

**KAUGUMMI** Die Masse mit einem Kühlakku, Eiswürfel oder Eisspray kühlen und mit einem Spatel abkratzen.

**FILZSTIFT** Je nach Zusammensetzung der Tinte Fleck mit Spiritus, Oxidationsbleiche oder Gallseife behandeln.

**DEO** Es hilft oft, den Fleck über Nacht in 5-prozentiger Zitronensäurelösung einzuweichen und anschließend auszureiben. Das hält aber nicht jede Textilfarbe unbeschadet durch. Am besten vorbeugen: Deos ohne Aluminiumsalze kaufen.

# FLECKENTFERNER?

**OB BRATFETT, ROTWEIN ODER MAKE-UP** – Universalfleckenmittel schaffen angeblich alles. Warum nur sind dann viele Flecken nach dem Waschen noch zu sehen?

**MAN SPRÜHT SIE AUF DEN FLECK,** reibt sie mit einem Tuch ein oder gibt sie mit dem Waschmittel in die Maschine. Universalfleckenmittel sollen auf T-Shirt, Bluse oder Hose für makellose Sauberkeit sorgen – schaffen das aber nicht immer. Im Vergleich zu Gels und Sprays kommen Pulver immerhin gut mit farbigen, stärke- oder eiweißhaltigen Flecken zurecht, schwächeln aber bei Fett und Öl.

# VOLLWASCHMITTEL!

**STINKNORMALES VOLLWASCHPULVER** wirkt besser als jeder Fleckentferner. Ein „Aber" gibt es trotzdem.

Vollwaschmittel kosten 12 bis 27 Cent pro Waschgang – **FLECKENSALZE** pro Anwendung immerhin 46 bis 54 Cent.

Bunte Kleidungsstücke mit farbigen Flecken (Rotwein, Kaffee, Obst) waschen Sie mit **COLORWASCHMITTEL** und etwas bleichehaltigem Fleckensalz bei der auf dem Pflegeetikett stehenden Temperatur.

## PROFI-TIPP

Falls Sie mal nichts anderes haben, ist Vollwaschmittel auch zum Waschen farbiger Sachen okay – nur nicht regelmäßig verwenden!

**TENSIDE, BLEICHMITTEL UND ENZYME:** Diese drei stecken nicht nur im Fleckensalz, sondern auch in jedem pulverförmigen Vollwaschmittel! Das Pulver wirkt deshalb effektiv und unschlagbar günstig gegen Flecken, bleicht aber mit der Zeit die Farben aus. Deshalb ist es zum regelmäßigen Waschen nur für hellere und weiße Wäsche gedacht – als Fleckenmittel aber auch für Buntes erste Wahl.

# Fleckwegtrick 1: Spucke drauf

**SPEICHEL IST EIN MULTITALENT:** Er schützt die Zähne vor Karies und fördert die Verdauung. Mit Spucke lassen sich Wunden desinfizieren und bei Mückenstichen der Juckreiz lindern. Wen wundert es da noch, dass Speichel auch gegen Flecken wirkt? Seine Enzyme spalten in begrenztem Maß Eiweiß, Fett, Stärke und Zucker. Das reicht, um Flecken zumindest zu entschärfen. Haben Sie weder Wasser noch Spülmittel zur Hand, tupfen Sie mit dem Finger wiederholt Speichel auf die Stelle!

# Fleckwegtrick 2: Ab in die Sonne

**STATT EINES BLEICHMITTELS** aus der Drogerie können Sie auch die Natur wirken lassen. Reste von Kaffee-, Tee-, Obst- und anderen gerbstoffhaltigen Flecken verschwinden, wenn Sie das Kleidungsstück bei schönem Wetter einfach auf die Wiese legen. Das Sonnenlicht reagiert dann mit dem grünen Farbstoff unter Bildung von Wasserstoffperoxid – der Fleck wird auf natürlichem Weg gebleicht. Die Wiese sollte nur nicht frisch gemäht sein, sonst geht das Ganze nach hinten los!

## Fleckwegtrick 3: Ein Mittel pro Fleck

**WASSER GEGEN EIWEISS,** Spülmittel gegen Fett – alles schön und gut. Was aber, wenn der Fleck gleich aus mehreren Substanzen besteht? Wenn die mit Rotwein verfeinerte Bratensauce oder der Kaffee samt Milch und Zucker auf der Hose gelandet ist? Da Sie auf keinen Fall mehrere Mittel parallel anwenden sollten, richten Sie sich nach der Substanz, die am aufwendigsten zu entfernen ist. Oberstes Gebot: Sobald Eiweiß im Spiel ist, den Fleck zuerst mit kaltem Wasser auswaschen!

## Fleckwegtrick 4: Wasser statt Salz

**SALZ SAUGT ROTWEIN AUF.** Kaum ein Trick erfreut sich derartiger Beliebtheit – leider funktioniert er nur selten: Der rote Farbstoff verschwindet einfach nicht aus dem Tischtuch! Im Gegenteil: Das getrocknete Salz hinterlässt Verfärbungen. Wie bei vielen anderen Flecken helfen lauwarmes Wasser (siehe S. 143) und ein Tropfen Spülmittel. Ins Reich der Legenden gehören weitere „Top-Tricks", etwa Obstflecken in Kartoffel-Kochwasser einzuweichen oder Lippenstift mit Toastbrot auszureiben.

# SPÄTER GESCHRUBBT?

**KALK IST EIN HARTNÄCKIGER MITBEWOHNER** – man wird ihn einfach nicht los. Vor allem in der Duschkabine fühlt er sich pudelwohl.

Sowohl Glas als auch Kunststoff sind sehr kratzempfindlich. Deshalb sollten Sie **SANFT SCHRUBBEN** und bei der Arbeit viel Wasser verwenden.

Ein Kunststoffspachtel hilft meist, um **DICKERE BELÄGE** in den Ecken halbwegs zu beseitigen. Danach mit einem Schwamm Zitronensäurelösung auftragen, einwirken lassen und Beläge entfernen.

**PROFI-TIPP**

Gegen sehr widerspenstige Krusten hilft oft das Einweichen mit flüssigem Colorwaschmittel.

**IN REGIONEN MIT HARTEM WASSER** verkalken Duschabtrennungen aus Glas oder Kunststoff fast schon, wenn man nur den Hahn aufdreht. Wer das Problem auf die lange Bank schiebt, muss später mächtig schrubben und steht kurz darauf vor demselben Problem – von Verkrustungen in den Ecken ganz zu schweigen. Die Devise heißt deshalb: Nicht abwarten, sondern dranbleiben.

# SOFORT GEWISCHT!

**ENTFERNEN SIE WASSERRESTE** gleich nach dem Duschen. Kalk und Schimmel haben dann das Nachsehen.

Wen die „Fensterputzer-Technik“ überfordert, der spült besser alle Flächen **MIT DER BRAUSE** ab und wischt sie dann mit einem weichen Tuch trocken.

Keine Angst: Sie müssen den Abzieher nicht frierend über die Flächen der **DUSCHWAND** ziehen und sich dabei erkälten – es genügt, wenn Sie das Ganze nach dem Abtrocknen erledigen.

**DUSCHWÄNDE BLEIBEN SAUBER,** wenn Sie immer einen Abzieher mit Gummilippe in Reichweite haben – so wie Sie ihn vielleicht schon vom Fensterputzen kennen. Sie duschen in der Wanne und haben dort einen Duschvorhang? Kein Problem – schütteln Sie ihn anschließend kräftig aus und reiben Sie ihn dann trocken. Nass zusammengeschoben fängt er bald an zu schimmeln!

# Kalklos schön 1: Fliesen

**MATT UND FLECKIG** sehen Fliesen aus, auf denen sich Kalk ablagert. Wischen Sie sie deshalb gleich nach dem Duschen ab und reiben Sie sie trocken. Verbindet sich Kalk mit Eisen zu Rostflecken, etwa unter der Armatur, weichen Sie diese mit einem in verdünnter Essigessenz getränkten Stück Haushaltspapier ein. Gegen Spuren getrockneter Wasserspritzer, etwa neben dem Waschbecken, hilft Essigreiniger. Dazu einfach einen Spritzer auf einen Schwamm geben, Flächen abwischen, fertig.

# Kalklos schön 2: Edelstahl

**BERÜHMT-BERÜCHTIGT** sind Kalkflecken auf der Edelstahlspüle. Wischen Sie deshalb nach dem Geschirrspülen alle Flächen mit einem fusselfreien Tuch trocken. Lassen Sie Spülschwamm oder -lappen nicht auf der Spüle liegen, sondern hängen Sie ihn zum Trocknen über die Armatur oder die Heizung. Bilden sich doch Ablagerungen, hilft ein milder Edelstahlreiniger oder eine 25-prozentige Essiglösung. Extra-Tipp: Edelstahltöpfe nach dem Spülen sofort abtrocknen!

## Kalklos schön 3: Marmor

**RAU UND STUMPF** werden Fensterbänke, Waschtische und Arbeitsplatten aus saugfähigem Naturstein bei falscher Pflege. Wer etwa Gießwasser auf der Fensterbank verschüttet hat, sollte es sofort aufnehmen und die Fläche dann feucht halten, damit sich eingedrungenes Wasser im Stein verteilt. Kalkbeläge nicht mit scharfen Reinigern, sondern nur mechanisch bearbeiten, etwa mit einem Polierschwamm oder feiner, angefeuchteter Edelstahlwolle. Danach mit Marmorpolitur nachpolieren.

## Kalklos schön 4: Acryl

**VERFÄRBT UND FLECKIG** sehen Badewannen aus Acryl bald aus, wenn sich Kalkbeläge bilden. Diese beseitigen Sie am besten mit Essig- oder Zitronensäurelösung und einem weichen Schwamm – auf keinen Fall mit Entkalker für Haushaltsgeräte. Dieser kann zu gelblichen Verfärbungen führen. Um Beläge einzuweichen, können Sie Küchenpapier in Zitronensäurelösung tränken und die Wanne damit auslegen. Das Papier darf aber nicht bedruckt sein, sonst drohen dauerhafte Verfärbungen!

# SPÜLBÜRSTE?

**KAFFEE UND TEE** hinterlassen in der Isolierkanne Spuren. Schrubben hilft da wenig und richtet eher Schäden an.

Manche Hersteller bieten Bürsten mit Schaumstoffkopf an. Damit sinkt die Gefahr von **BESCHÄDIGUNGEN** – die Reinigungswirkung ist aber kaum besser als mit einer normalen Flaschenbürste.

Auf keinen Fall sollten Sie **ISOLIERGEFÄSSE** in die Spülmaschine geben oder im Spülbecken untertauchen – es sei denn, sie sind ausdrücklich dafür geeignet!

**WIE STOCHERN IM NEBEL** kommt manchem das Reinigen der Thermoskanne vor: Nur mit Mühe passt die Spülbürste durch die enge Öffnung, wird dann mit den Fingerspitzen an den Wänden entlangdirigiert, bevor klar wird, dass der Boden unerreichbar bleibt. Wer viel Pech hat, stellt beim Herausziehen der Bürste fest, dass die ganze Aktion auch noch den Isolierkörper beschädigt hat.

# GEBISSREINIGER!

**NICHT MIT GEWALT,** sondern mit Köpfchen lassen sich auch hartnäckige Ablagerungen lösen.

**ARBEIT DELEGIEREN LAUTET DAS MOTTO.** Füllen Sie die Isolierkanne mit Wasser, lassen Sie eine Gebissreinigertablette hineinplumpsen und das Ganze für ein paar Stunden einweichen. So müssen Sie – vom anschließenden Ausspülen abgesehen – keinen Finger krumm machen. Alternativ leistet auch ein Löffel Spülmaschinenpulver oder etwas Haushaltsnatron gute Dienste.

# CLEVER HEIZEN, SCHIMMEL VERMEIDEN

Nicht zu warm soll es sein, nicht zu kalt und nicht zu feucht. Klingt simpel, ist es aber nicht. Nur wer beim Heizen und Lüften ein paar Regeln verinnerlicht, wohnt gesund, beugt Schimmel vor und spart Geld.

### DIE SACHE MIT DEM WOHNKLIMA

Während es einer mollig warm braucht, bricht anderen schnell der Schweiß aus. Eine Rolle spielen zudem Kleidung und körperliche Verfassung. Über den Daumen gepeilt lässt sich sagen: Otto Normalbewohner empfindet eine Raumtemperatur von 19 bis 22 Grad als angenehm – bei einer relativen Luftfeuchte von 35 bis 60 Prozent.

### REGEL 1: RAUM FÜR RAUM ABSTIMMEN

Als Faustregel gilt: Jedes Grad weniger Raumtemperatur spart 6 Prozent an Heizkosten. Deshalb müssen Sie aber nicht in Anorak und Pudelmütze herumlaufen – es bringt schon viel, wenn nicht in jedem Raum dieselbe Temperatur herrscht. In Wohn- und Esszimmer reichen 19 bis 21 Grad, in der Küche 18 Grad. Kühlschrank und Herd heizen hier mit. Auch der Flur muss nicht behaglich warm sein: 16 Grad reichen aus. Der wärmste Raum sollte mit 21 bis 24 Grad das Bad sein. Im Schlafzimmer heißt es aufpassen: Die Temperatur sollte 16 Grad nicht unterschreiten, sonst kondensiert Luftfeuchte, und die Schimmelgefahr steigt. Das Ganze funktioniert natürlich nur, wenn Sie die Türen schließen.

### REGEL 2: REGELMÄSSIG HEIZEN

Verlassen Sie das Haus, drehen Sie die Heizung nie ganz ab. Vor allem ungedämmte Gebäude kühlen schnell aus. Wichtig: Die Frostwächter-Stellung (Sternchen am Thermostat) schützt nur die Heizkörper, nicht aber außen liegende Rohre. Kalte Zimmer müssen mit viel Energie neu aufgeheizt werden. Andererseits sollen Heizkörper nicht ständig auf Hochtouren laufen. Eine Lösung sind programmierbare Thermostatventile. Sie sparen bis zu 10 Prozent der Kosten – und wenn Sie morgens ins Bad tappen, ist es dort schon warm.

### REGEL 3: DEN WEG FREIMACHEN

Heizkörper sind nicht schön, zugegeben. Sie aber hinter Vorhängen, Sofalehnen oder gar Kommoden zu verstecken ist falsch.

Um Hitze an die Raumluft abgeben zu können, brauchen Heizkörper freie Bahn.

### REGEL 4: FENSTER DICHTHALTEN

Bis zu 20 Prozent der Heizenergie gehen verloren, weil es durch Fenster und Türen zieht. Im Baumarkt gibt's für jeden Geldbeutel eine Lösung: Profildichtungen sind besser (und teurer) als Schaumstoffbänder. Diese wiederum sind besser (und teurer) als Zugluftstopper in Tiergestalt. Schließen Sie nachts die Rollläden, damit möglichst wenig Wärme über die Fenster entweicht.

### REGEL 5: AUF UMWEGEN LÜFTEN

Ihr Bad hat kein Fenster? Wie lüften Sie es dann? Genau – Sie wählen den kürzesten Weg über ein anderes Zimmer. Dort öffnen Sie das Fenster und schließen die Türen zu anderen Räumen. Das kühle Schlafzimmer lassen Sie besser aus dem Spiel – Schimmelgefahr! Das Motto „Türen zu, Fenster auf" gilt auch, wenn Sie Wäsche trocknen oder mit dem Dampfbügeleisen hantieren. Noch ein Extra-Tipp: Lüften Sie auch bei Regen! Die kalte Außenluft ist immer noch trockener als die warme Raumluft.

## Keller im Sommer nachts lüften

Wer an warmen Sommertagen regelmäßig das Kellerfenster öffnet, muss sich über **Schimmel an den Wänden** nicht wundern. An den kalten Oberflächen kondensiert die feuchte Luft. Vom Keller können sich die Sporen im Haus verbreiten und im schlimmsten Fall Allergien und Atemwegskrankheiten verursachen.

Frühmorgens und spätabends liegt der Feuchtegehalt in der Luft im grünen Bereich. Dann können Sie zumindest kurzzeitig lüften. Bei **schwülwarmem Wetter und während längerer Hitzeperioden** verzichten Sie besser darauf. Wer eine automatische Lüftungsanlage hat, sollte dann auch diese abstellen.

Alle, die im Keller ihre Wäsche waschen, sollten sich eine Maschine mit hoher Schleuderdrehzahl und einen Ablufttrockner zulegen. Alternative: Wäsche im Garten oder auf dem Balkon trocknen.

Übrigens: Schimmel droht auch, wenn ein Schrank dicht an der Außenwand steht. Kann die Luft nicht zirkulieren und kühlt an der Wand ab, kann Feuchte kondensieren. Achten Sie auf **5 Zentimeter Abstand** und verwenden Sie Schränke mit Füßen!

# DAUERKIPP?

**RICHTIGES LÜFTEN** wirkt der Schimmelbildung entgegen. Das Prinzip „langsam und stetig" ist oft richtig – hier aber leider genau falsch.

Das Schlafzimmerfenster jede Nacht sperrangelweit aufzureißen, um möglichst korrekt zu lüften, ist Geschmackssache. Hier ist die **KIPPSTELLUNG** in Ordnung. Sie kann jedoch eine intensive Stoßlüftung bei weit geöffnetem Fenster am nächsten Morgen nicht ersetzen.

Viele Grünpflanzen oder ein Zimmerspringbrunnen erhöhen die **LUFTFEUCHTIGKEIT** – erst recht das Trocknen von Wäsche. Spätestens, wenn sich Wassertröpfchen an den Scheiben bilden, ist es Zeit zum Lüften!

**DIE PFLANZEN AUF DER FENSTERBANK** ständig herunterräumen, um zu lüften? Darauf verzichten viele Leute nur zu gern. Andere lassen ihre Fenster aus Gewohnheit stundenlang gekippt. Doch nicht nur, dass so der Luftaustausch wesentlich länger dauert: Ist die Luft draußen kälter als drinnen, verpufft jede Menge Heizenergie, und damit bares Geld, durch den Fensterspalt.

# DURCHZUG!

**WEITES ÖFFNEN DER FENSTER** – am besten an gegenüberliegenden Wänden – sorgt für zügigen Luftaustausch.

Besonders häufig lüften müssen Sie, wenn Sie in ein neu gebautes oder frisch saniertes Haus einziehen. Bis die **BAUFEUCHTE** weg ist, dauert es ein bis zwei Jahre.

Wesentlich schneller funktioniert der **LUFTAUSTAUSCH,** wenn Sie Fenster an gegenüberliegenden Fassaden sowie die Zimmertüren öffnen. Das gilt nicht für Feuchtespitzen in Bad und Küche – hier bleiben die Türen besser zu!

## PROFI-TIPP

Ein Hygrometer (im Baumarkt ab ca. 10 Euro) gibt Auskunft über die relative Luftfeuchtigkeit. Erstrebenswert sind 40 bis 60 Prozent.

**VIERMAL PRO TAG** sollten Sie jeden Raum lüften. Dazu machen Sie das Fenster für fünf bis zehn Minuten möglichst weit auf, sodass die frische Luft quer durch das Zimmer strömen kann. Wer tagsüber nicht zu Hause ist, macht morgens einmal und abends zweimal richtig Durchzug. Wichtig: Große Mengen Wasserdampf vom Kochen oder Duschen lassen Sie möglichst sofort abziehen.

# TRÜBER BLICK?

**DUSCHEN IST EINE WOHLTAT** für Körper und Seele. Viele Menschen produzieren dabei die tollsten Ideen – und jede Menge Wasserdampf.

Den Spiegel mit dem Handtuch freizuwischen funktioniert, hinterlässt aber **SCHLIEREN.** Ein trockenes Mikrofasertuch eignet sich besser.

Nicht zu lange und zu heiß duschen sollten alle, deren Bad bis zur Decke gefliest ist. Anders als Wandputz nehmen Fliesen keinerlei **FEUCHTIGKEIT** auf. Häufig fangen dann die Fugen an zu schimmeln.

**EIN BESCHLAGENER SPIEGEL** ist das, was viele nach dem Duschen als Erstes sehen. Damit sich der morgendliche Nebel schnell verzieht und um ja nicht zu frieren, reißt mancher kurzerhand die Badtür auf. Das ist nachvollziehbar, aber unklug. Durch das Öffnen gelangt ein Schwall von Feuchtigkeit in angrenzende Räume. Werden diese nicht regelmäßig gelüftet, steigt die Schimmelgefahr.

# KLARE SICHT!

**FEUCHTIGKEIT ADE!** Wer im Bad clever heizt und lüftet, blickt schneller durch und bannt die Schimmelgefahr.

Um den Spiegel freizubekommen, können Sie ihn auch anföhnen. **WARME LUFT** lässt die Wassertröpfchen verdunsten. Wegen der Mehrkosten für Strom aber nur eine Notlösung.

Je wärmer die Luft im Bad, desto weniger **DAMPFT** es. Wer die Heizung erst kurz vor dem Duschen aufdreht, kann den Sauna-Effekt nicht verhindern.

**BEI GEKIPPTEM FENSTER DUSCHEN?** Klingt gewöhnungsbedürftig. Ist es auch – es sei denn, Sie haben rechtzeitig die Heizung aufgedreht, sodass ca. 24 Grad herrschen und die Wände warm sind. Durch die Wärme bildet sich weniger Wasserdampf, und der leichte Luftzug kann Ihnen nichts anhaben. Wer es trotzdem lieber neblig hat, sollte nach dem Duschen auf jeden Fall stoßlüften.

# ANFÖHNEN?

**SCHIMMELBEFALL IST KEINE BAGATELLE.** Wer zur Selbsthilfe greift, sollte deshalb wissen, was er tut.

**SOBALD SICH SCHIMMEL ZEIGT,** sollten Sie ihm konsequent zu Leibe rücken. Wischen Sie betroffene Stellen jedoch auf keinen Fall trocken ab. Dadurch wirbeln Sie Schimmelsporen auf, die sich dann über die Raumluft überall verteilen können. Aus demselben Grund ist es keine gute Idee, die Wand mit dem Staubsauger zu bearbeiten oder die feuchten Schimmelflecken trockenzuföhnen.

# EINPINSELN!

**ERST ABTÖTEN, DANN ABWISCHEN.** Schimmelflecken können Sie mit Hochprozentigem den Garaus machen.

Brennspiritus und **ISOPROPYLALKOHOL** gibt es in Drogerie und Apotheke günstig zu kaufen. Sie verflüchtigen sich nach der Anwendung, sind aber feuergefährlich!

Auf den Fliesenfugen liefert chlorhaltige Scheuermilch aufgrund ihrer **BLEICHWIRKUNG** gute Ergebnisse.

## EXTRA-TIPP

Aus Umwelt- und Gesundheitsgründen sollten Sie chlorhaltige Mittel im Haushalt nicht regelmäßig einsetzen.

**ÖFFNEN SIE DAS FENSTER** und schließen Sie die Türen. Tupfen Sie 70-prozentigen Isopropylalkohol oder Brennspiritus auf die Stelle. Trocknen lassen und erneut einpinseln. Nach 30 Minuten mit Papiertüchern abwischen und diese in einer Plastiktüte entsorgen. Für Problemzonen eignen sich vorbeugende Anti-Schimmel-Konzentrate, -Grundierungen und -Farbzusätze aus dem Baumarkt.

## HILFE, ES SCHIMMELT!

**Sosehr die meisten über Schimmel an feuchten Wänden erschrecken** – zeigen sich auf Lebensmitteln oder Blumenerde erste zarte Fäden oder pelzige Punkte, bleiben viele cool. „Das ist doch noch gut", ist dann zu hören, oder: „Das schneiden wir einfach weg." Vorsicht! Brot, Früchte oder Marmelade sind nicht erst dann ungenießbar, wenn man sie fast streicheln kann. Extra-Tipp: Wer nur am Wochenende Latte Macchiato und Espresso trinkt, sollte unter der Woche wenigstens mal die Maschine säubern!

## ... IN BROTKASTEN UND BRÖTCHENTÜTE

**Sind Brot oder Brötchen angeschimmelt,** heißt die Devise: Ab in den Müll! Ist der Schimmel erst einmal sichtbar, hat er meist schon das ganze Lebensmittel mit unsichtbarem Pilzgeflecht durchzogen. In solchen Fällen besteht beim Verzehr akute Gesundheitsgefahr!

**Beugen Sie vor, indem Sie Brotbehälter** alle zwei Tage von Resten und Krümeln reinigen sowie alle zwei Wochen (im Sommer noch öfter) mit Essig auswischen und gründlich trocknen.

## ... IN KÜHLSCHRANK UND OBSTKORB

**Ob Käse, Joghurt oder Wurst:** Verschimmelte Lebensmittel komplett entsorgen. Ausnahme sind große Hartkäsestücke. Hier reicht es, Schimmelstellen großzügig wegzuschneiden.

**Dagegen ist Obst so wässrig,** dass sich das Schimmelgeflecht mühelos in seinem Inneren verbreitet und sich auch nicht durch Kochen (etwa Kompott oder Marmelade) sicher abtöten lässt! Wichtig: Bei Fruchtsäften deutet Schlierenbildung auf Schimmelbefall hin.

## … IM INNEREN DER ESPRESSOMASCHINE

**Besonders im Tresterbehälter von Vollautomaten** fühlt sich Schimmel wohl. Aber auch die Abtropfschale und vergessenes Kaffeemehl im Siebträger sind beliebte Brutstätten.

**Da die Reinigungsprogramme die Leitungen,** doch bei manchen Geräten nicht die Brüheinheit säubern, sollte diese entnehmbar sein und extra gereinigt werden. Tresterbehälter öfter leeren und samt Tropfschale – sofern geeignet – bei 70 Grad im Geschirrspüler reinigen.

## … AUF DER ERDE VON ZIMMERPFLANZEN

**Weißer Flaum auf der Blumenerde** entsteht durch zu starkes Gießen. Die Schimmelschicht sollte so schnell wie möglich entfernt werden.

**Am nachhaltigsten wirkt rasches Umtopfen**. Befreien Sie auch den Pflanzenballen so weit wie möglich von Erde, säubern Sie den Topf mit Essigreiniger und spülen Sie ihn heiß aus. Oft reicht es auch, die obere Erdschicht abzukratzen und neue Erde darüberzustreuen. Wichtig: Danach sparsam gießen.

## … AUF UND HINTER DER TAPETE

**Bei Schimmel auf und unter Tapeten** hilft nur eines: Runter damit! Dazu die alte Tapete mit einem Anti-Schimmel-Mittel (zum Beispiel 70-prozentigem Isopropylalkohol) befeuchten, einwirken lassen, abziehen und entsorgen.

**Gummihandschuhe, Atemmaske und Staubschutzbrille** sind bei dieser Arbeit Pflicht! Fenster auf! Anschließend gründlich staubsaugen, Staubsaugerfilter wechseln, duschen sowie Haare und Kleidung waschen.

# Keime + Schädlinge

**Wie viele Tiere zählt Ihr Haushalt?** Mehr, als Sie glauben möchten! Neben Hund und Katze finden auch Käfer, Läuse und Motten ihren Weg zu uns – ganz zu schweigen von Bakterien, Viren und Pilzen. Ihnen stellen sich die Nackenhaare auf? Sie denken an Chlorreiniger und Pflanzenschutzmittel? Entspannen Sie sich: Schützen müssen Sie sich nur vor Krankheitserregern und Vorratsschädlingen. Da ist weniger Chemie gefragt als vielmehr Hygiene und gesunder Menschenverstand.

# BRILLE DESINFIZIEREN?

**ALS BRUTSTÄTTEN VON KRANKHEITSERREGERN** sind WC-Brillen verschrien und werden deshalb penibel entkeimt. Das ist weder nötig noch sinnvoll – sondern beruhigt höchstens die Nerven.

**SICH JA NICHTS WEGHOLEN** – dieser Wunsch befähigt vor allem Frauen auf fremden Toiletten zu akrobatischen Höchstleistungen. Kontakt mit der Brille? Eklig! Da will man wenigstens zu Hause sicher sein und spart nicht mit Desinfektionsmittel. Übertrieben! Krankheitserreger gelangen nur über Wunden oder Schleimhautkontakt in den Körper. Und dort wartet immer noch die Immunabwehr…

# KLINKE PUTZEN!

**DEUTLICH WAHRSCHEINLICHER IST ES,** dass Sie an der Türklinke Keime aufsammeln, die jemand anderer dort abgeladen hat.

Vergessen Sie beim Badputz **TÜRKLINKE,** Fenstergriff und Seifenspender nicht!

Schon ein **EINZIGER GRIFF** mit ungewaschenen Händen in das Knabberzeug auf dem Wohnzimmertisch kann genügen, um es zu verunreinigen – und möglicherweise alle Mitesser zu infizieren.

## ACHTUNG!

Benutzen Sie zu Hause besser Flüssigseife – auf Seifenstücken können Krankheitskeime sitzen!

**MINDESTENS 20 SEKUNDEN HÄNDEWASCHEN** ist der beste Schutz – nach jedem Gang zur Toilette! Benutzen Sie dazu unbedingt Seife und vergessen Sie Fingerkuppen und -zwischenräume nicht! Hintergrund: Schaffen es Darmkeime auf die Klinke, hat sie bald jeder Mitbewohner an den Händen. Von da aus gelangen sie ruckzuck in den Körper, etwa beim Essen über die Mundschleimhaut.

# KEIME VERTEILEN?

**ROHE EIER, FLEISCH UND FISCH** enthalten oft Keime, die schwere Krankheiten verursachen können.

**SCHNELL ÜBER DIE ARBEITSFLÄCHE** gewischt, schon sind die Spuren des gerade verquirlten Eis verschwunden. Genau wie die Pfütze, die das Hähnchen beim Auftauen hinterlassen hat. Doch wetten, dass sich im Lappen zahllose Mikroorganismen – darunter eventuell Salmonellen aus Eiern und Campylobacter von Geflügel – tummeln, die sich jetzt ungestört ausbreiten können?

# KEIME ENTSORGEN!

**FÜR SÄMTLICHE UTENSILIEN,** die mit rohen tierischen Produkten in Berührung kommen, gelten verschärfte Regeln!

Je häufiger Sie tierische Lebensmittel verarbeiten, desto öfter sollten Sie Lappen und Schwämme **REINIGEN.** Spätestens nach einer Woche gehören diese bei 60 Grad in die Wäsche!

Verwenden Sie für Geschirr, Arbeitsflächen und Fußböden **GETRENNTE** Putzlappen. Wischen Sie Spritzer auf dem Boden nicht „nur mal schnell" mit dem Geschirrtuch weg.

Halten Sie auch Armatur, Herdregler und die **GRIFFE** von Schubläden, Küchenschränken, Kühlschrank sowie Geschirrspüler sauber.

**DAS A UND O IST KÜCHENHYGIENE.** Statt mit Lappen oder Spülschwamm beseitigen Sie Spuren von Ei, Fleischsaft & Co. mit Küchenpapier und entsorgen dieses im Biomüll. Nach der Arbeit reinigen Sie die Arbeitsfläche mit heißem Wasser und Spülmittel – ebenso alle verwendeten Geräte. Sofern geeignet, stecken Sie Letztere am besten in die Spülmaschine. Dann: Hände waschen!

# HYGIENISCH STATT STERIL

Viele Menschen ekeln sich vor Mikroorganismen. Dabei sind diese etwas ganz Alltägliches und begleiten uns auf Schritt und Tritt. So lassen Bakterien und Pilze Teig aufgehen, Milch zu Käse gerinnen und Bier gären. Mehr noch: Auf unserer Haut und in unserem Darm leben Abermillionen von Bakterien. Bedrohen sie uns? Ganz im Gegenteil: Sie ermöglichen es uns zu leben.

Doch keine Frage: Um uns herum existieren auch schädliche Keime. Wer sich mit ihnen infiziert, wird unter Umständen krank. Das gilt es zu verhindern. Stichwort: Hygiene. In Privathaushalten genügt es, potenzielle Krankheitserreger mechanisch zu entfernen oder zumindest zu verhindern, dass sie sich vermehren und verbreiten können. Sie mit Desinfektionsmitteln systematisch abzutöten ist in aller Regel übertrieben.

## REGEL 1: NICHT ANTIBAKTERIELL PUTZEN

Egal, was Werbestrategen versprechen und welche Wundermittel im Supermarktregal stehen – verzichten Sie darauf. Antibakterielle Reiniger können Allergien auslösen, auf Dauer die Körperabwehr schwächen und Krankheitserreger resistent machen. Bei vielen Mitteln ist nicht einmal erwiesen, ob sie gegen Keime wirken – fest steht dagegen, dass sie nicht sauberer oder das Putzen gar überflüssig machen. Hinzu kommt, dass Desinfektionsmittel die Umwelt belasten, da sie das bakterielle Gleichgewicht stören. Anders sieht die Sache aus, wenn im Haushalt Allergiker, chronisch Kranke oder Pflegebedürftige leben: Dann kommt nach Rücksprache mit dem Arzt der Einsatz von Desinfektionsmitteln infrage.

### REGEL 2: HÄNDE NICHT DESINFIZIEREN

Ehec, Noro, Vogelgrippe – vor allem, wenn drohende Epidemien die Schlagzeilen beherrschen, steigt der Umsatz an Desinfektionsmitteln rapide an. Das gilt auch für antibakterielle Feuchttücher und Produkte zum Reinigen der Hände. Diese sind im Normalfall überflüssig – Wasser, Seife und die richtige Technik reichen zum Händewaschen aus. Wer sich in Grippezeiten effektiv schützen will, tut besser daran, anderen Menschen nicht die Hand zu geben – auch wenn er damit möglicherweise gegen Umgangsformen verstößt. Nur wenn ein Familienmitglied ansteckend krank ist, ist es ratsam, die Hände zu desinfizieren.

### REGEL 3: LEBENSMITTEL CLEVER KAUFEN

Bringen Sie gekühlte und gefrorene Lebensmittel nach dem Einkaufen so rasch wie möglich nach Hause. Legen Sie sie schnellstmöglich in den Kühlschrank bzw. die Gefriertruhe. Dauert der Einkauf länger, legen Sie diese Produkte zuletzt in den Einkaufswagen. Fahren Sie nicht direkt nach Hause oder haben Sie es sehr weit, transportieren Sie die Sachen in einer Kühlbox.

### REGEL 4: SPEISEN RICHTIG ZUBEREITEN

Die Reihenfolge fürs Menü: Schnippeln Sie zuerst den Salat für die Vorspeise. Bereiten Sie dann Gemüse und andere Beilagen sowie das Dessert (ohne rohe Eier!) vor. Tierische Lebensmittel packen Sie erst zum Schluss aufs Schneidbrett. Sollte das nicht möglich sein, müssen Sie Arbeitsflächen, Utensilien und Ihre Hände zwischendurch gründlich reinigen (siehe dazu S. 169). Extra-Tipp: In den Schneidrillen von Brettern sammeln sich Bakterien. Ramponierte Kunststoffbretter sollten Sie daher entsorgen. Wer sich die Mühe machen will, kann schartige und fleckige Holzbretter abschleifen, mit Speiseöl imprägnieren und anschließend weiterverwenden.

### REGEL 5: OBST UND GEMÜSE WASCHEN

Auch auf Obst und Gemüse, frischen Kräutern, Sprossen und Blattsalaten können sich Krankheitserreger tummeln. Waschen Sie diese unter fließendem Wasser gründlich ab. Erdnah wachsendes Gemüse wie Gurken und Möhren, das Sie roh essen wollen, sollten Sie mit einer Gemüsebürste reinigen oder sicherheitshalber schälen.

### REGEL 6: LEBENSMITTEL DURCHGAREN

Erhitzen Sie Speisen ausreichend: Im Inneren sollte die Temperatur zwei Minuten lang mindestens 70 Grad betragen (Bratenthermometer!). Warmhalten sollten Sie Essen bei mehr als 65 Grad. Lassen Sie Reste abkühlen, und stellen Sie sie dann zügig in den Kühlschrank. Füllen Sie sie eventuell in flache Gefäße um. Zwischen 10 und 60 Grad können sich Bakterien, die erst nach dem Erhitzen (etwa beim Abschmecken) in die Speisen gelangt sind, stark vermehren!

# KÜCHENPLAGE?

**KAUM WIRD ES DRAUSSEN WÄRMER,** schlägt drinnen die Stunde der Fruchtfliegen.

Lebensmittel, auf denen **FRUCHTFLIEGEN** saßen, können Sie noch essen. Nur sollten Sie diese vorher gründlich abwaschen!

Gefährdet sind insbesondere **NACHREIFENDE** Früchte. Lassen Sie diese im Sommer nicht offen herumliegen, vor allem nicht neben Äpfeln und Bananen!

## EXTRA-TIPP

Bringen Sie bei warmem Wetter mindestens einmal am Tag den Biomüll nach draußen!

**NICHTS BÖSES AHNEND** nimmt man einen Apfel – schon erhebt sich aus der Schale eine Wolke kleiner Fliegen. Vor allem reife Früchte und der Biomüll haben es ihnen angetan. Fruchtfliegen ernähren sich davon und legen ihre Eier darauf ab. Schon zwei Wochen später schlüpfen neue Fliegen! Wer sich die winzigen Invasoren vom Hals halten will, darf ihnen keine Angriffspunkte bieten.

# KILLERFALLE!

**SIND SIE EINMAL DA,** fliegen sie nicht mehr weg. Doch eine Falle ist schnell gebaut.

**IN IHRER BASISVARIANTE** besteht eine Fruchtfliegenfalle aus einem mit Wasser und Essig gefüllten Glas. Wer statt Essig Zitronensaft nimmt, sorgt für angenehmen Duft. Damit die Fliegen nicht auf der Oberfläche herumlaufen, empfiehlt sich ein Spritzer Spülmittel. Um sie herein-, aber nicht mehr herauszulassen, legen Profis über das Glas ein Stück Alufolie, das sie mit einer Gabel perforiert haben.

# LUFTIG LAGERN?

**JE LÄNGER DIE TAGE,** desto aktiver die Falter – und auf einmal kriegt man im Vorratsschrank die Motten.

**HAFERFLOCKEN, MEHL, REIS** – getreidehaltige Vorräte, aber auch Gewürze und Tees haben es Lebensmittelmotten angetan. Anders als Kleidermotten, die zum Fenster hereinfliegen, schleppen wir uns Lebensmittelmotten oft mit den Einkäufen in die Küche. Dort ist der Inhalt offener Tüten und nicht fest verschraubter Vorratsgläser ein gefundenes Fressen für die blinden Passagiere.

# LUFTDICHT LAGERN!

**SIE VERSPERREN MOTTEN DEN WEG,** indem Sie Vorratsbehälter fest verschließen, regelmäßig kontrollieren und bei Befall konsequent handeln.

Kontrollieren Sie Lebensmittel gleich nach dem Einkaufen. **MOTTENBEFALL** erkennen Sie an Kotkrümeln der Raupen, Gespinsten der Puppen oder Fraßschäden an der Verpackung.

Verzichten Sie bei Mottenbefall auf Insektizide. Zur Bekämpfung eignen sich auf Pappstreifen geklebte Eier („Trichogramma-Karten"), aus denen zu Hause winzige **SCHLUPFWESPEN** werden. Diese beseitigen die Motten und sterben dann innerhalb weniger Tage von allein wieder ab.

**DAS GROSSE KRABBELN** können Sie verhindern, indem Sie Lebensmittel in dicht verschlossenen Gläsern und Vorratsbehältern trocken und kühl aufbewahren – und sie zügig verbrauchen. Kontrollieren Sie länger lagernde Backzutaten wie Nüsse und Rosinen öfter auf Mottenbefall. Wischen Sie Schränke und Regale zweimal jährlich aus, und blasen Sie mit einem Föhn heiße Luft in die Ritzen.

## SCHÄDLICHE KÄFER CLEVER LOSWERDEN

**Ungeliebte, aber keineswegs seltene Gäste sind Käfer.** Sie können jahrelang mit uns zusammenleben, ohne dass wir sie bemerken. Halten Sie deshalb regelmäßig Ausschau – auch nach Eiern und Larven. Waschen Sie Kleidung regelmäßig, saugen Sie Teppiche und Polsterritzen ab und kontrollieren Sie Ihre Vorräte.

**Krabbelt es irgendwo doch,** sind Hitze und Kälte sehr wirksam. Im Backofen oder Gefrierfach überlebt kaum ein Käfer. Wer dem Befall so nicht beikommt, kann Schlupfwespeneier aussetzen (gibt es z. B. im Internet). Die Art Lariophagus distinguandus spürt Käferlarven auf!

## HOLZWÜRMER

**Woher kommen sie?**
Die Larven des Gemeinen Nagekäfers nisten sich vor allem in Räumen mit höherer Luftfeuchtigkeit ein, etwa Kellern, Dielen und Scheunen. Sichtbare Zeichen des Befalls sind Löcher in Möbeln und Böden sowie Häufchen aus Holzmehl.

**Wie verschwinden sie wieder?** Halten Sie die Wohnung durch Lüften trocken. Für Möbel eignen sich Mittel mit Borax und Borsäure. Für Holzkonstruktionen ziehen Sie einen Fachmann für Bautenschutz zu Rate.

## BROTKÄFER

**Woher kommen sie?**
Fraßlöcher in Nudel-, Knäckebrot- und Kräuterteeverpackungen zeigen Befall an. Die winzigen Käfer kommen durch Türen und Fenster herein oder sind schon beim Einkauf an Bord.

**Wie verschwinden sie wieder?** Werfen Sie befallene Lebensmittel weg. Reinigen Sie alle Regale und Schränke gründlich. Lagern Sie Lebensmittel fest verschlossen. Bei anhaltendem Befall helfen oft auch Schlupfwespen (siehe S. 175).

## KUGELKÄFER

**Woher kommen sie?** Die nachtaktiven Winzlinge lieben Altbauten und Fachwerk und kriechen aus Hohlräumen in Decken und Böden hervor. Kugelkäfer fressen Leder, Textiltapeten, Polster, Plüsch und Frottee, lieben aber auch Lebensmittel aller Art.

**Wie verschwinden sie wieder?** Wer am Abend feuchtes Zeitungspapier auslegt, eingerahmt von beidseitigem Klebeband, kann morgens Käfer einsammeln und entsorgen. Falls das nicht klappt, zügig einen Profi rufen.

## TEPPICHKÄFER

**Woher kommen sie?** Teppichkäfer fliegen von selbst herein. Oft werden sie auch mit neuer Auslegware oder Tierfutter eingeschleppt. Ihre Larven fressen an Textilien, Teppichen, Schlafsäcken, Pelzen, Matratzen und Ähnlichem.

**Wie verschwinden sie wieder?** Waschen Sie Textilien bei 60 Grad, hängen Sie sie in die Sonne oder legen Sie sie in einer Plastiktüte für zwei Tage ins Gefrierfach. Bodenritzen gründlich aussaugen. Auch Lavendelöl hilft manchmal.

## MEHLKÄFER

**Woher kommen sie?** Mehlkäfer kommen an Sommerabenden durch offene Fenster hereingeflogen. Eier und Larven (Mehlwürmer) werden oft mit Tierfutter sowie Mehl- und Getreideprodukten eingeschleppt.

**Wie verschwinden sie wieder?** Befallene Lebensmittel wegwerfen. Vorratsschrank ausräumen und jede Packung bzw. Tüte auf Befall kontrollieren. Schrankritzen gründlich aussaugen und Flächen mit Essigwasser auswischen.

# FLIEGENKLATSCHE?

**MÜCKEN ODER FLIEGEN** im Zimmer rauben vielen den letzten Nerv. Nachts reicht schon ein Exemplar, um den Schlaf zu vertreiben.

Aus einer Fliege wird schnell eine Plage: Während ihres rund dreiwöchigen Lebens kann sie etwa fünfmal **EIER LEGEN** – insgesamt bis zu 1000 Stück. Bevorzugte Ablageplätze sind offen herumliegende Lebensmittel, Kompost und Müll.

Fliegen können Krankheitskeime von **TIERKOT** auf den Menschen übertragen. Decken Sie deshalb Lebensmittel stets ab und lassen Sie schmutziges Geschirr nicht stehen. Beseitigen Sie auch herumliegende Brotkrümel zügig.

**WER DIE FLIEGENKLATSCHE ZÜCKT,** steht vor drei Problemen: Erstens macht sich oft im selben Moment Totenstille breit, sodass man den oder die Brummer zunächst orten muss. Zweitens hinterlassen sie auf weißen Wänden hässliche Spuren, wenn man sie, drittens, überhaupt trifft. Dann heißt es: Fliegenreste trocknen lassen, vorsichtig abkratzen und mit Korrekturflüssigkeit übermalen.

# FLIEGENGITTER!

**GAR NICHT ERST HEREINLASSEN** heißt die Devise. Dazu braucht es viele feine Maschen und ein wenig Geschick.

Mücken legen ihre Eier in stehendes Wasser. Deshalb: **REGENTONNEN** mit Fliegengaze abdecken und herumstehende Krüge und Eimer ausleeren.

Fliegengitter aus Synthetikgaze sind strapazierfähiger als feuchteempfindliche Baumwollnetze. Noch **HALTBARER,** aber deutlich teurer, sind Rahmen mit Mückengittern. Geeignete Selbstbausysteme bieten Baumärkte an.

## EXTRA-TIPP

Verirren sich doch Mücken ins Zimmer, leistet ein Handstaubsauger gute Dienste.

**FEINMASCHIGE FLIEGENGITTER** vor Fenstern und Balkontüren sperren kleine Plagegeister aus. Im Markisenfachhandel gibt es auch Mückenrollos zu kaufen. Für Kinderbetten und Kinderwagen sind Moskitonetze eine gute Alternative. Hierzulande reicht eine Maschenweite von zwei Millimetern, in den Tropen genügt das nicht. Dort sollten Sie sich ein 1,2-Millimeter-Netz zulegen.

# MILBENPARADIES?

**WIR SCHLAFEN NICHT ALLEIN.** In jeder Matratze leben Millionen von Bettgenossen: Hausstaubmilben. Und die mögen es gern warm und feucht.

Jeder Mensch **SCHWITZT** im Schlaf. Das sorgt für die Feuchtigkeit, die Milben brauchen. Wer sich in zu schwere oder zu dicke Decken einpackt, schwitzt deutlich mehr.

Bei sehr hoher Feuchtigkeit droht auch **SCHIMMELBEFALL.** Der macht sich oft in Form schwarzer Flecken auf der Unterseite der Matratze bemerkbar. Um Schimmel vorzubeugen, wenden Sie die Matratze ungefähr alle drei Monate.

**MORGENS WIRD DAS BETT GEMACHT,** lautet eine von Omas Weisheiten. Doch wer gleich nach dem Aufstehen die Decke über die Matratze breitet und womöglich noch eine Tagesdecke daraufpackt, tut seiner Gesundheit keinen Gefallen. In diesem Klima vermehren sich Milben, deren Ausscheidungen als Staub in der Luft landen. Wir atmen sie ein und haben mit Pech bald eine Allergie am Hals.

# LUFTKURORT!

**EIN WENIG NACHLÄSSIGKEIT** ist gut für die Gesundheit: Lassen Sie morgens viel frische Luft an die Matratze!

Dichte Bezüge mit verschweißten Nähten für Bettdecke und Matratze, **ENCASINGS** genannt, schützen Hausstauballergiker wirksam vor Milben.

Schon nach zwei Jahren besteht im Schnitt ein Zehntel der Matratzenfüllung aus **MILBENKOT.** Spätestens nach sieben bis zehn Jahren ist daher eine neue Matratze fällig!

## ACHTUNG!

Waschen Sie Bettwäsche und Matratzenauflage stets bei 60 Grad in der Maschine. Nur so sterben die Milben ab. Im Winter können Sie die Matratze ab und zu tagsüber in die trockene Frostluft stellen!

**GANZ LOS WERDEN SIE DIE MILBEN NICHT.** Doch schon eine geringere Anzahl wirkt sich positiv auf die Raumluft aus. Lassen Sie die Bettdecke deshalb morgens für eine Stunde zurückgeschlagen, damit Feuchtigkeit verdunsten kann. Lüften Sie Ihr Schlafzimmer mehrmals am Tag, schütteln Sie Decke und Kissen am offenen Fenster aus und wechseln Sie alle zwei Wochen die Bettwäsche.

## MOTTEN, FLÖHE & CO. CLEVER LOSWERDEN

**Wanzen, Motten und Schaben –** wer will die schon im Haus haben? Leider fragen sie nicht um Erlaubnis. Schlimmer noch: Oft sind sie schon da, bevor wir es merken. Viele von ihnen leben im Verborgenen, in Ritzen, Mauerspalten oder unter dem Fußboden.

**Spätestens wenn das Mehl „lebt",** der Wollpulli Löcher hat oder sich juckende Stiche auf der Haut zeigen, sollten Sie handeln. Bevor Sie aber die Raumluft mit Insektiziden verpesten, sollten Sie versuchen, den Plagegeistern mit List und Tücke beizukommen.

## KLEIDERMOTTEN

**Woher kommen sie?**
Kleidermotten werden eingeschleppt oder fliegen selbst herein. Larven fressen an Textilien, Pelzen, Teppichen und Federn – stellen aber für den Menschen keine Gesundheitsgefahr dar.

**Wie verschwinden sie wieder?** Waschen Sie betroffene Kleidungsstücke bei 60 Grad, hängen Sie sie in die Sonne oder legen Sie sie für drei Tage in einer Plastiktüte ins Gefrierfach. Vorbeugend wirken Patschuliöl, Zedernholz und Lavendel im Kleiderschrank.

## BETTWANZEN

**Woher kommen sie?**
Oft wandern Bettwanzen im Reisegepäck oder mit gebraucht gekauftem Mobiliar bzw. Antiquitäten ein. Sie leben in Spalten, Hohlräumen und Bettgestellen. Die Stiche der Blutsauger jucken und können allergische Reaktionen auslösen.

**Wie verschwinden sie wieder?** Klopfen Sie das Bettgestell aus, entsorgen Sie die Wanzen. Kleben Sie beidseitig klebendes Band auf die Gestellbeine, schlafen Sie mit Moskitonetz. Rufen Sie einen Kammerjäger.

## FLÖHE

**Woher kommen sie?** Flöhe gelangen meist mit Hund oder Katze herein. Ihre Larven leben in Ritzen, Fugen, Matratzen und Teppichen. Die Stiche jucken und infizieren sich leicht. Flöhe übertragen in unseren Breiten aber keine Krankheiten.

**Wie verschwinden sie wieder?** Verwenden Sie Flohmittel für Haustiere. Saugen Sie eine Woche täglich viermal Staub. Spritzen Sie Kochsalzlösung in die Dielenfugen und dichten Sie diese mit Klebeband ab. Rufen Sie den Kammerjäger.

## HAUSSCHABEN

**Woher kommen sie?** Kakerlaken lieben es feucht und warm. Sie leben hinter Leisten, Verkleidungen, Türrahmen und in Schächten. Sie fressen alles und können Krankheiten übertragen.

**Wie verschwinden sie wieder?** Kakerlaken müssen vom Profi bekämpft werden, deshalb Wohnungseigentümer beziehungsweise Kammerjäger informieren. Als erste Hilfe befallene Bereiche mit Klebefallen orten und dann mit Köderdosen und Gels bekämpfen.

## STAUBLÄUSE

**Woher kommen sie?** Die winzigen Tierchen werden mit Vorräten wie Gries, Mehl und Zucker eingeschleppt. Sie ernähren sich von Schimmelpilzen und lieben daher feuchte Wände. Staubläuse sind nicht gesundheitsschädlich, können aber Allergien auslösen.

**Wie verschwinden sie wieder?** Entsorgen Sie befallene Lebensmittel dicht verschlossen. Ausgiebig lüften und heizen. Bekämpfen Sie Schimmel (siehe dazu S. 154/155). Verwenden Sie Lorbeer- und Rosmarinöl.

# LAUSANGRIFF?

**BLATTLÄUSE SAUGEN PFLANZEN DEN SAFT AUS.** Deshalb müssen Sie trotzdem nicht gleich die Chemiekeule schwingen.

Im Freien vertreibt auch Holzasche die Blattläuse. Dazu die **ASCHE VOM GRILL** aufheben und befallene Pflanzen bepudern – am besten, wenn die Blätter feucht sind.

Bei nicht zu starkem Befall können Sie die Blätter auch mit Brennnesselsud oder Spülmittellösung besprühen. Abgesehen davon, dass die **UNTERSEITEN** der Blätter oft vergessen werden – Seifenlauge hinterlässt hässliche Flecken.

**BEKOMMEN BLÄTTER GELBE STELLEN** und rollen sich zusammen, deutet das auf Lausbefall hin. Oft sind Gemüse und Obst betroffen. Genervt greifen viele zum Pflanzenschutzmittel. Wer nicht wartet, bis alle Zimmerpflanzen verlaust sind, sollte es à la Natur versuchen: Spülen Sie die Läuse mit einem kräftigen Wasserstrahl ab oder blasen Sie sie mit einem Föhn heiß an. Mehrmals wiederholen!

# KÄFERATTACKE!

**DER NATÜRLICHE FEIND** der Blattlaus ist der Marienkäfer. Was liegt näher, als ihn in den Kampf zu schicken?

**VOR ALLEM DER EINHEIMISCHE „ZWEIPUNKT"** ist bekannt für seinen Appetit. Da er in der Natur selten geworden ist und schnell wegfliegen würde, eignen sich seine Larven besser – zumal sie noch mehr verdrücken (bis zu 150 Läuse am Tag). Käfereier und -larven können Sie in Internetshops kaufen. Bei starkem Lausbefall im Garten ist es sinnvoll, zusätzlich Larven der Florfliege auszusetzen.

## NICHT ALLE BESUCHER SIND SCHÄDLINGE!

**... auch wenn sie ganz schön nerven können.** In den eigenen vier Wänden haben wir es häufig nicht mit Krankheitsüberträgern oder Parasiten zu tun, dafür umso öfter mit Störenfrieden oder Tierchen, vor denen wir uns einfach ekeln.

**Manch ungebetener Gast** liebt es warm und feucht, andere sind auf Nahrungssuche. Viele von ihnen sind nützlich. Versuchen Sie deshalb, sie zu vertreiben, statt sofort draufzuschlagen oder die Chemiekeule zu schwingen.

## SPINNEN

**Woher kommen sie?** Spinnen und Weberknechte wandern durch Fenster, Türen und Lüftungsschächte ein. Sie lieben es warm und kuschelig. Hiesige Arten sind nützlich, da sie Plagegeister wie Fliegen und Mücken vertilgen.

**Wie verschwinden sie wieder?** Spinnen mit dem Staubsauger aufzusaugen hilft nicht, da sie oft den Weg zurück finden. Besser ist es, ein Glas über sie zu stülpen, eine Postkarte zwischen Wand und Spinne zu schieben und Letztere an die frische Luft zu setzen.

## STUBENFLIEGEN

**Woher kommen sie?** Fliegen ernähren sich von gärenden, organischen Substanzen. Faulendes Obst etwa zieht sie magisch an. Vorsicht: Da sich Fliegen zwischendurch gern mal auf Kothaufen niederlassen, können sie Krankheitskeime übertragen!

**Wie verschwinden sie wieder?** Lassen Sie keine Essensreste offen herumstehen und spülen Sie benutztes Geschirr sofort ab. Oft helfen auch ein Schälchen mit Essig oder Lorbeeröl, ein Topf Basilikum – zur Not auch die Fliegenklatsche.

## AMEISEN

**Woher kommen sie?** Ameisen kommen durch Fenster und Türen. Den Weg zu Zucker und Süßspeisen markieren sie mit Duftstoffen, sodass sich ganze Straßen bilden.

**Wie verschwinden sie wieder?** Bewahren Sie Lebensmittel stets in fest verschlossenen Gefäßen auf. Dichten Sie Fenster und Türen sowie Ritzen und Spalten ab. Auch Lavendel und Thymian sowie Essig vertreiben Ameisen. Nur wenn das alles nichts hilft, legen Sie Giftköder aus: Damit töten Sie jedoch meist den ganzen Staat ab.

## SILBERFISCHCHEN

**Woher kommen sie?** Die lichtscheuen Tiere lieben die hohe Luftfeuchtigkeit in Bad, Küche und Keller. Gesundheitsgefährdend sind sie nicht. Im Gegenteil: Silberfischchen vertilgen Hausstaubmilben und Schimmelpilze.

**Wie verschwinden sie wieder?** Stellen Sie mehrmals täglich Durchzug her, um die Luftfeuchtigkeit zu senken. Trocknen Sie Wäsche nicht im Keller oder dem fensterlosen Bad. Verschließen Sie im Bad sämtliche Putzrisse und schadhaften Fugen.

## OHRENZWICKER

**Woher kommen sie?** Die nachtaktiven Nützlinge leben im Müll, im Rasen sowie auf Pflanzen. Auf Nahrungssuche verirren sie sich durch Fenster, Türen, Ritzen und Spalten ins Haus.

**Wie verschwinden sie wieder?** Einzelne Tiere fangen Sie mit einem Trinkglas ein. Bei Invasionen stopfen Sie einen Blumentopf mit Holzwolle aus, drehen ihn um und stellen ihn leicht angekippt auf. Am nächsten Tag tragen Sie den Topf in den Garten – so haben Sie gleich ein paar Helfer gegen Blattläuse.

# Sicherheit, Strahlen + Energie

**So ein Haushalt ist ein gefährliches Pflaster.** Dieser Eindruck drängt sich auf, wenn man allein die Zahl an Stürzen betrachtet – von Vergiftungen und Verbrennungen ganz zu schweigen. Inwieweit Elektrosmog der Gesundheit schadet, ist zwar nicht erwiesen. Aber warum nicht auf Nummer sicher gehen? Wer die Strahlung minimieren will, kann eine ganze Menge tun. Apropos: Ein Herz fassen sollten sich langsam auch alle, die noch immer die alten Glühbirnen nutzen. Weg mit den Stromfressern!

# STUNTMAN?

**UNGLAUBLICH, ABER WAHR:** Am gefährlichsten leben wir zu Hause – vor allem, wenn es hoch hinausgehen soll.

**DREHSTUHL AUF TISCH,** Getränkekiste auf Sofapolster, Bücherstapel auf Fensterbrett – reicht ihre Körpergröße für höhere Aufgaben nicht aus, werden viele Menschen zu Turmbauern. Doch das Besteigen der wackeligen Konstruktionen endet oft mit Knochenbrüchen und Kopfverletzungen – und alles nur wegen einer kaputten Glühbirne, störender Spinnweben oder Schlieren auf der Scheibe.

# STANDFEST!

**EINE LEITER HAT FAST JEDER** – irgendwo. Besitzen allein reicht aber nicht, man muss sie auch benutzen!

Zum Einräumen des Kleiderschrankes oder Abwischen der Lampe eignet sich in der Regel auch ein **EINFACHER TRITT** mit Haltebügel.

Leichter als eine Holzleiter ist ein Modell aus Aluminium. Achten Sie beim Kauf auf **BREITE TRITTFLÄCHEN** und eine ausreichend große Plattform, beide mit rutschhemmender Riffelung.

**EINE FRAGE DES STANDPUNKTES** ist das richtige Aufstellen. Achten Sie darauf, dass Ihre Leiter vier rutschfeste Füße und eine intakte Spreizsicherung besitzt! Übrigens: In Neubauten reichen drei oder vier Stufen meist völlig aus – im Altbau müssen Sie höher hinauf. Egal, wie hoch Sie steigen: Ziehen Sie Ihre Filzlatschen aus! Auf der Leiter brauchen Sie geschlossene, flache Schuhe mit Profil.

## Gefahren im Griff 1: Steif + sperrig

**KLASSISCHE STOLPERFALLEN** sind Schwellen an Terrassen- und Balkontüren. Lassen sie sich nicht entfernen, streichen Sie sie farbig an. Hochstehende Teppichkanten fixieren Sie mit doppelseitigem Klebeband, Kabel verlegen Sie über den Fußleisten oder kleben sie mit Paketband vorübergehend auf den Boden. Faustregel: Je voller der Raum, desto eher bleibt der Fuß irgendwo hängen. Lassen Sie deshalb vor Möbeln einen guten Meter Platz und verzichten Sie auf den einen oder anderen Sessel.

## Gefahren im Griff 2: Glatt + rutschig

**LÄUFER UND TEPPICHE** rutschen schnell weg. Das führt zu Stürzen. Gittermatten, darunter verlegt, verhindern das. In Bad und Dusche erledigen das Vorleger und Fußmatten. Besondere Vorsicht ist auf Treppen angesagt: Sichern Sie die Stufen mit rutschfesten Belägen. Ansonsten gilt: Laufen Sie lieber einmal öfter nach oben, als sich so viel aufzuladen, dass Sie die Stufen nicht mehr sehen. Konkret: Packen Sie auf den vollen Wäschekorb nicht noch die Wintermäntel für die Reinigung.

## Gefahren im Griff 3: Scharf + spitz

**STUMPFE MESSER** schneiden nicht. Wer es doch versucht, rutscht schnell ab und verletzt sich. Die Devise lautet: Schärfen! Bewahren Sie Küchenmesser und Haushaltsschere im Messerblock oder an einer Magnetschiene auf. Nach dem Spülen per Hand stellen Sie die Messer mit der Schneide nach unten in den Trockenkorb. Wichtig: Zerbrochenes Glas sofort aufsaugen oder -kehren – nicht aufwischen! Im Lappen können Splitter zurückbleiben und schmerzhafte Schnittwunden verursachen.

## Gefahren im Griff 4: Heiß + fettig

**SCHWERE VERBRENNUNGEN** riskieren Hobbyköche, die Öl in einer Bratpfanne zu stark erhitzen. Ab 300 Grad entzündet sich das Öl von selbst. Wer die Pfanne dann unter kaltes Wasser hält, erzeugt eine Stichflamme! Apropos: Fleisch und Gemüse vor dem Braten trocknen, sonst spritzt das Fett. Im Backofen nur mit Handschuhen hantieren – falls die Handrücken die glühende Grillwendel berühren. Wechseln Sie den Fettfilter der Abzugshaube regelmäßig – sonst steigt die Brandgefahr!

# AUF DEM SCHRANK?

**RAUCHMELDER KÖNNEN LEBEN RETTEN** – doch falsch angebracht schützen sie nur bedingt oder gar nicht.

Alle Modelle verfügen über eine **PRÜFTASTE.** Kontrollieren Sie von Zeit zu Zeit, ob Ihre Rauchmelder noch funktionieren.

Piepst ein Rauchmelder ohne erkennbaren Grund, dann handelt es sich in aller Regel um den **WARNTON** für den Batteriewechsel.

## ACHTUNG!

Im Brandfall haben Sie nur wenige Minuten Zeit, die Wohnung zu verlassen. Eine Rauchgasvergiftung kann bereits nach drei Atemzügen tödlich sein!

**WAS IST RUND UND KLEBT** an der Decke? Richtig: ein Rauchmelder. Sie haben Ihre auf Schränke und Regale gelegt? Sehr riskant! Im Brandfall löst der aufsteigende Rauch den Alarm deutlich später aus. Das kostet Sie Zeit, um den Brand zu löschen oder die Wohnung zu verlassen. Übrigens: An der Wand hängende Melder reagieren oft nicht, weil der Qualm einfach durch sie hindurchzieht.

# AN DER DECKE!

**GANZ OBEN, SICHTBAR, MITTIG** – der richtige Platz für einen Rauchmelder. Nur nicht in Dachschrägen.

Durch den Dampf in Küche und Bad würden herkömmliche Rauchmelder ständig nervigen Fehlalarm geben. Wer **RUNDUMSCHUTZ** will, setzt hier auf sogenannte Hitze- oder Hybridmelder.

Rauchmelder an Dachschrägen über 20 Grad Neigung bringen Sie mit ca. 80 Zentimetern **ABSTAND** von der Deckenspitze an – waagerecht gemessen. Werden sie zu weit oben platziert, blockiert unter Umständen im Knick angestaute warme Luft den aufsteigenden Qualm.

**WOZU DENN DER ZOLLSTOCK?** Ganz einfach: Um die optimale Position für Ihre Rauchmelder zu bestimmen. Je einer für Schlaf- und Kinderzimmer sowie für Flure und Treppenbereiche, die Ihnen als Fluchtweg dienen sollen. Damit bei einem Brand der Rauch die Melder ungehindert erreichen kann, achten Sie auf mindestens 50 Zentimeter Abstand zu Wänden, Ecken, Leuchten und Deckenbalken.

# MEHRFACH MEHRFACH?

**AUSREICHEND STECKDOSEN** – wer hat die schon? Mit Mehrfachleisten nachzuhelfen kann aber böse ins Auge gehen.

Spätestens wenn Stecker und Steckerleisten **HEISS** werden oder es verschmort riecht, sollten Sie solche Steckdosenkaskaden wieder auflösen.

Setzen Sie bei Steckerleisten nicht auf **BILLIGWARE.** Investieren Sie in hochwertig verarbeitete Modelle mit höherem Leitungsquerschnitt.

**FERNSEHER, DVD-PLAYER, HIFI-ANLAGE** – schon beeindruckend, was im Wohnzimmer herumsteht und Strom zieht. Ein, zwei Steckdosen reichen da nicht aus, oft nicht einmal eine Mehrfachdose. Wer dann jedoch mehrere Steckerleisten in Reihe schaltet, spielt auf Risiko: Der Widerstand steigt, und bei Überlastung springt eventuell die Sicherung nicht mehr heraus. Das heißt: Brandgefahr!

# EINFACH MEHRFACH!

**PRO STECKDOSE NUR EINE MEHRFACHLEISTE.**
Wer nach diesem Grundprinzip verfährt, ist auf der sicheren Seite. Meist jedenfalls.

**HEIMWERKER WISSEN:** Mehrfachsteckerleisten sind kein Ersatz für „ortsfeste Installationen“, sprich: Wandsteckdosen. Wer Letztere nicht nachrüsten lassen kann oder will, sollte sich auf eine Mehrfachleiste pro Steckdose beschränken. Es gibt Modelle mit zwölf Steckplätzen. Reicht das noch immer nicht, müssen Sie ein Verlängerungskabel von einer entfernten Steckdose verlegen.

## Unfallrisiko 1: Lampen wechseln

**EIN STROMSCHLAG** ist eine äußerst unangenehme Erfahrung und kann Herzrhythmusstörungen nach sich ziehen. Gefährlich wird es, wenn Sie stromführenden Draht (schwarz oder braun) und Neutralleiter (blau) gleichzeitig berühren. Deshalb gilt beim Installieren neuer Leuchten: Sicherung raus! Gehen Sie auch beim Lampenwechsel kein Risiko ein: Ist der Schutzleiter (grün-gelb) der Leuchte nicht angeschlossen, können durchgescheuerte Kabel deren Metallgehäuse unter Strom setzen.

## Unfallrisiko 2: Löcher bohren

**EIN KURZSCHLUSS** beim Bohren signalisiert, dass Sie eine Stromleitung erwischt haben. Das bedeutet: Arbeit für den Elektriker – verlorene Zeit und Mehrkosten für Sie. Um das zu vermeiden, bohren Sie außerhalb der Installationszonen. Diese verlaufen waagerecht 15 bis 30 cm – in Küchen auch 90 bis 130 cm – über dem Boden und unter der Decke sowie senkrecht 10 bis 20 cm neben Ecken, Türen und Fenstern. Wer sichergehen will, tastet die Stelle zusätzlich mit einem Leitungssucher ab.

## Unfallrisiko 3: Geräte säubern

**EINER VERKLEMMTEN TOASTSCHEIBE** rückt mancher mit Messer oder Gabel zu Leibe, damit sie nicht im Toaster verkohlt. Ganz schlechte Idee! So leiden die Heizspiralen, die zudem nicht isoliert sind und folglich Strom führen. Ein Metallmesser leitet diesen in den Körper weiter. Nur wenn der Stromkreis einen Fehlerstrom-Schutzschalter („FI-Schalter") hat, springt die Sicherung heraus. In Altbauten ist das häufig nicht der Fall. Deshalb: Stecker ziehen und vorsichtig mit einem Holzlöffel angeln!

## Unfallrisiko 4: Billigware kaufen

**EIN ECHTES SCHNÄPPCHEN** kann sich schnell als Unfallrisiko entpuppen. Ob Lichterkette, Tischgrill oder Diskokugel: Billigprodukte verursachen überdurchschnittlich oft Wohnungsbrände oder Stromschläge. Ein Grund: Oft sind die stromführenden Kabel so dünn, dass sie brechen und sich durch die ebenfalls mangelhafte Isolierung bohren. Wer defekte Kabel und Stecker einfach mit Isolierband flickt, handelt fahrlässig! Lassen Sie einen Profi ran, oder setzen Sie von vornherein auf Qualität!

## EXTRA-TIPP

Wenn schon Halogenlampen, dann am besten für Geräte mit einem Trafonetzteil. 12-V-Lampen verbrauchen weniger Strom als Modelle mit 230 V.

# ENERGIESPARLAMPEN

**Welche Lampe soll's denn sein?** Im September 2012 hat eine EU-Verordnung auch die letzten klassischen Glühbirnen aus den Regalen verbannt. Begründung: Sie produzierten nur wenig Licht, dafür jede Menge Wärme. An ihre Stelle getreten sind energiesparende Modelle. Doch die zeigen teilweise Macken: Entweder gehen sie mit Verzögerung an, verbreiten zu kaltes Licht oder lassen sich nicht dimmen. Auch das in manchen Modellen enthaltene Quecksilber treibt viele Käufer um. Und dann der Preis ... Umso wichtiger, dass Sie sich vorher informieren, welche Lampe sich für welchen Zweck eignet – und für welchen nicht.

**KOMPAKTLEUCHTSTOFFLAMPE:** Die klassische Energiesparlampe leuchtet mittels einer gasgefüllten Röhre, die gebogen oder gewendelt ist. Manche Modelle besitzen zudem eine Hülle in Birnen-, Kerzen- oder Kugelform. Die Lampe eignet sich für Stellen, an denen sie lange eingeschaltet bleibt, etwa für Deckenleuchten in Wohnräumen, obwohl LEDs unterm Strich auch hier im Vorteil sind. Wie bei Halogen- und LED-Lampen gibt es Modelle für ungerichtetes und gerichtetes Licht (Spots). Wegen der Elektronik und des Quecksilbers sind die Lampen als Sondermüll zu entsorgen.

**HALOGENGLÜHLAMPE:** Sie funktioniert nach demselben Prinzip wie die gute alte Glühlampe: Ein Draht aus Wolfram wird zum Glühen gebracht. Unterschied: Der Kolben der Lampe ist mit einem Gas gefüllt, das den Leuchtfaden schützt. Halogenlampen eignen sich für Stellen, an denen gute Farbwiedergabe gefragt ist, etwa am Arbeitsplatz oder Esstisch. Sie verbrauchen relativ viel Strom, sollten deshalb gezielt genutzt werden. Entsorgung über den Hausmüll.

**LED-LAMPE:** „Licht emittierende Dioden" sind elektronische Bauteile, die mit Strom zum Leuchten angeregt werden. Dank ihres warmen Lichtes sind sie für alle Wohnbereiche geeignet. Sie sind langlebig und effizient, daher macht sich der höhere Kaufpreis schnell bezahlt. Wer LED-Licht dimmen will, sollte vorher auf der Website des Herstellers prüfen, ob das Lampenmodell zum Dimmer passt! Entsorgung über Sammelstellen für Elektroschrott.

# SPARLAMPEN – WAS SAGT DIE VERPACKUNG?

Wer eine Energiesparlampe kaufen will, muss zunächst eine knifflige Prüfung bestehen: Egal ob Kompaktleuchtstoff-, Halogen- oder LED-Lampe – auf der Verpackung wuchert meist ein Dschungel an technischen Angaben. Nur wer es schafft, dieses Datengestrüpp zu durchdringen, hat die Chance, das richtige Lampenmodell zu erwischen. Gar nicht so einfach, denn viele Anbieter gestalten das Ganze obendrein höchst unübersichtlich.

**LICHTSTÄRKE:**
**WIE HELL?**

Der Lumen-Wert (kurz lm) auf der Verpackung gibt an, wie hell die Lampe strahlt. Um in etwa auf die von der Glühlampe vertraute Wattzahl zu kommen, teilen Sie den Lumen-Wert durch zehn. Wer es genauer braucht, hält sich am besten an folgende Werte. Demnach entsprechen:

1300 bis 1530 Lumen – 100 Watt,
920 bis 1060 Lumen – 75 Watt,
700 bis 810 Lumen – 60 Watt,
410 bis 470 Lumen – 40 Watt und
220 bis 250 Lumen – 25 Watt.

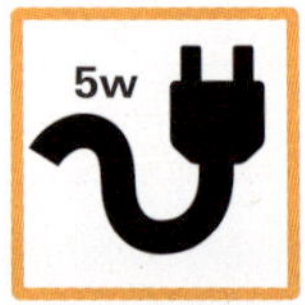


**STROMVERBRAUCH:**
**WIE SPARSAM?**

Die Hersteller geben auf der Verpackung zwar den Verbrauch in Watt an – aber nicht die Lichtausbeute in Lumen pro Watt.

**LEBENSDAUER:**
**WIE HALTBAR?**

Auf der Verpackung verspricht der Hersteller die zu erwartende Brenndauer einer Lampe in Stunden (h) bei normalem Gebrauch. Selbst wenn diese nicht erreicht wird: Vor allem Kompaktleuchtstoff- und LED-Lampen rechnen sich relativ schnell, da sie sehr wenig Strom verbrauchen.

**SCHALTFESTIGKEIT:**
**WIE ROBUST?**

Besonders in Fluren, in Treppenhäusern oder in Verbindung mit Bewegungsmeldern ist es wichtig, die Lampe oft an- und ausschalten zu können. Kaufen Sie für solche Einsatzgebiete Lampen, die mindestens 300 000 Schaltungen überstehen.

**LICHTFARBE:**
**KÜHL ODER WARM?**
Während Glühlampen nur eine Lichtfarbe liefern, bieten Kompaktleuchtstoff- und LED-Lampen eine große Palette. Der Pfeil und die Angabe in Kelvin (K) auf der Sonne-Eiskristall-Skala geben an, ob die Lampe eher kühles oder warmes Licht abstrahlt. Zur Orientierung: Warmweiße Lampen leuchten mit höchstens 3300 Kelvin, tageslichtweiße mit mehr als 5300 Kelvin.

**GEWINDE:**
**GROSS ODER KLEIN?**
Den Markt bestimmen zwei Sockelgrößen, die schon von der Glühlampe vertraut sind: Das kleinere Gewinde heißt E14 (Edison-Schraubgewinde mit 14 Millimetern Durchmesser), das größere E27. Spotlampen gibt es auch mit GU10-Stecksockel für 230 Volt bzw. G5.3-Stiftsockel für 12 Volt.

**FARBWIEDERGABE:**
**WIE NATÜRLICH?**
Viele Lampen geben Farbtöne nicht naturgetreu wieder. Nicht alle Hersteller äußern sich dazu. Oft verstecken sie sich hinter dem CRI („Colour Rendering Index") oder dem Ra-Wert. Beide reichen bis 100. Für normale Ansprüche reicht ein Wert von über 80 aus, besser ist jedoch 90 und mehr.

**DIMMUNG:**
**HELLIGKEIT REGELBAR?**
Dieses Symbol gibt an, ob sich eine LED- oder Leuchtstofflampe über einen Dimmer regulieren lässt. Achtung: Die meisten Lampen funktionieren nicht mit jedem Dimmer. Tipp: Viele Hersteller veröffentlichen auf ihren Websites Listen mit geeigneten Dimmern!

**ANLAUFZEIT:**
**WIE SCHNELL HELL?**
LED- und Halogenlampen senden sofort helles Licht. Kompaktleuchtstofflampen brauchen meist länger. Auf der Verpackung steht, wie lange es dauert, bis 60 Prozent der maximalen Helligkeit erreicht sind. Manche Lampen brauchen dafür bis zu 100 Sekunden. Damit sind sie für Flure, Bäder und Treppenhäuser ungeeignet.

**TEMPERATUR:**
**FROSTTAUGLICH?**
Im Außenbereich sollten Sie nur Lampen verwenden, die auch mit Minusgraden klarkommen. Für LEDs ist das kein Problem, Leuchtstofflampen schwächeln hier mitunter. Sie büßen bei Kälte einen Teil ihrer Leuchtkraft ein oder gehen erst gar nicht an. Damit sind sie in Kombination mit Bewegungsmeldern ungeeignet.

# DAS BESTE LICHT FÜR JEDES ZIMMER

Halogen · LED · Kompaktleuchtstofflampe

### ABSTELLRAUM

Für kurze Brenndauer reichen alte Glühlampen oder ausgediente LED-Lampen.

### ARBEITSZIMMER

Tageslicht am Schreibtisch hält wach. Tipp: tageslichtweiße Kompaktleuchtstofflampen mit mehr als 5 500 Kelvin und einem Ra-Wert von über 90.

### SCHLAFZIMMER

Für den Nachttisch empfehlen sich Kompaktleuchtstofflampen mit besonders warmem Licht (2 500 Kelvin). Am Kleiderschrank zählt gute Farbwiedergabe. Hier kommen alle Lampenarten infrage – Hauptsache, ihr Ra-Wert liegt über 90.

### BAD

Für gute Farbwiedergabe zum Schminken sorgen alle Lampen mit einem Ra-Wert über 90. Für nächtliche WC-Besuche genügt eine separate Lampe mit wenig Helligkeit und warmem Licht (2 500 Kelvin).

### FLUR UND TREPPENHAUS

Hier wird häufig geschaltet und Lampen müssen sofort hell leuchten. Daher: LEDs mit 2 700 Kelvin, Ra-Wert über 80.

### KÜCHE

Eine gute Farbwiedergabe lässt Speisen natürlich aussehen. Tipp: Halogen- oder LED-Lampen mit 2 700 Kelvin und einem Ra-Wert über 90. Für Arbeitsflächen eignen sich LEDs oder Leuchtstoffröhren mit einer Farbtemperatur über 4 000 Kelvin.

### WOHNZIMMER

Für die Hintergrundbeleuchtung reichen Kompaktleuchtstofflampen mit einem Ra-Wert über 80. Sie sind günstig zu haben und brennen lange. Mit 2 700 Kelvin spenden sie warmweißes Licht. In der Leseecke sollte der Ra-Wert über 90 liegen.

### KRONLEUCHTER

LEDs im klaren Kolben lassen ihn funkeln.

### KUNSTWERKE

Sie verdienen perfekte Farbwiedergabe aus Halogen- oder LED-Lampen – 2 700 Kelvin und ein Ra-Wert ab 90.

Ließen sich bei klassischen Glühlampen nur Wattzahl, Sockelgröße und Beschaffenheit des Kolbenglases wählen, gibt es heute **Halogen-, Kompaktleuchtstoff- und LED-Lampen** mit bestimmten Lichteigenschaften.

Wählen Sie für jeden Wohnbereich das am besten geeignete Licht aus: natürliche Farben in der Küche, warmes Licht im Wohnzimmer, Tageslichtweiß am Schreibtisch. Tests belegen: Längst sind die Sparlampen auch in Sachen Helligkeit ihren Vorgängern gewachsen.

# ANLASSEN?

**HÄUFIGES SCHALTEN** lässt Energiesparlampen schneller kaputtgehen. Kann passieren, doch das ist kein Argument für Dauerbeleuchtung.

Auch wenn sich die Gesamt-**BRENNDAUER** einer Lampe verkürzt: Wird sie regelmäßig ausgeschaltet, lebt sie unterm Strich trotzdem länger.

**FRÜHES ALTERN** tritt nur bei Kompaktleuchtstoff- und Halogenlampen auf. LED-Lampen überstehen mehr als 90 000 Schaltvorgänge.

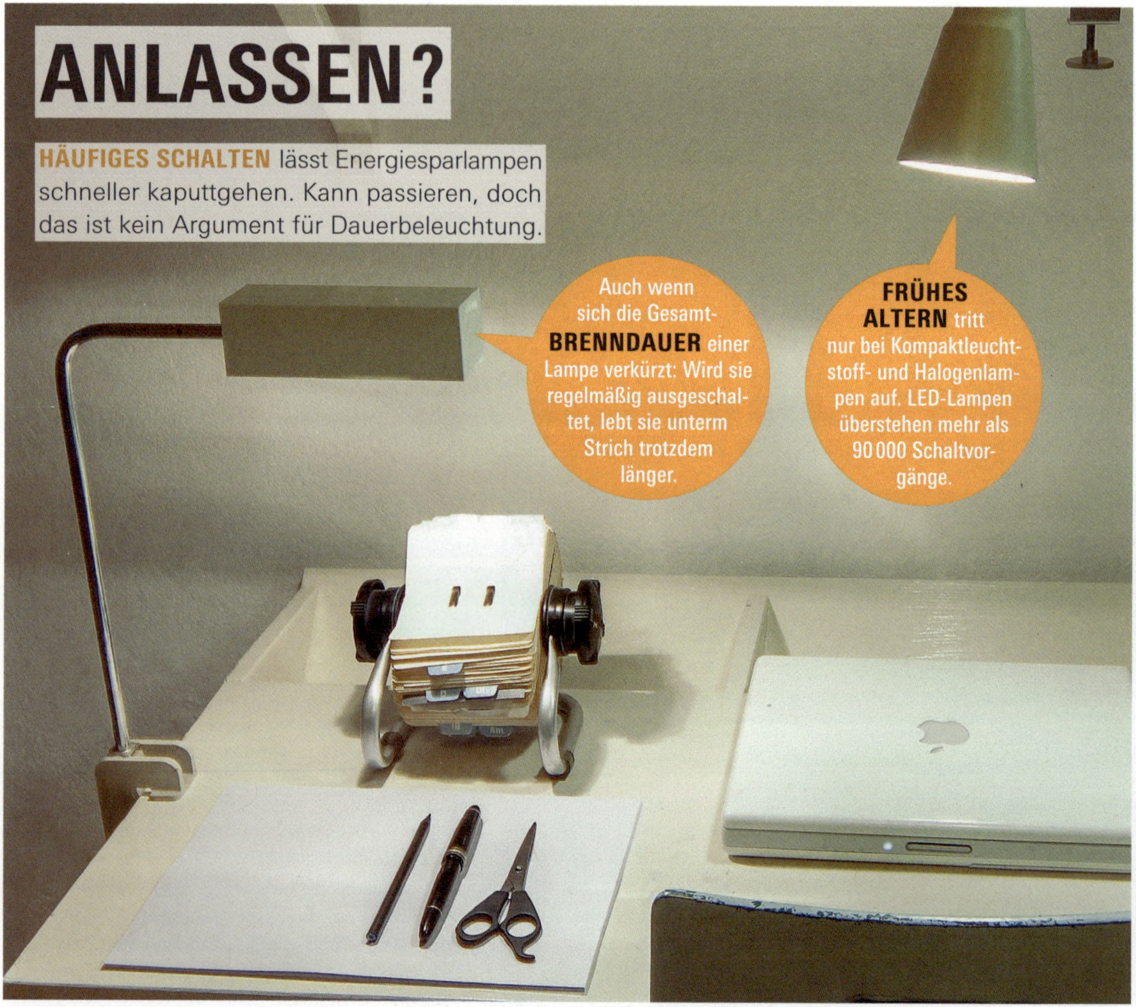

**SIND DIE RÄUME ERLEUCHTET,** heißt das in der Regel, dass jemand zu Hause ist. Viele Menschen lassen das Licht auch brennen, wenn sie unterwegs sind. Das soll nicht nur Einbrecher abschrecken – sondern auch die Lebensdauer der Lampen erhöhen. Doch was nutzen Ihnen Lampen im Methusalemalter, wenn Sie für den umsonst verbrauchten Strom deutlich mehr bezahlt haben?

# AUSSCHALTEN!

**SIE MÜSSEN JA NICHT ÜBERTREIBEN** – ist aber länger keiner im Raum, lautet die Devise: Licht aus!

Für Flure und Bewegungsmelder: Setzen Sie auf **LED-LAMPEN.** Diese halten auch Minusgrade am besten aus.

## EXTRA-TIPP

Etwas Zusatzlicht sollten Sie sich beim Fernsehen gönnen. Um Ihre Augen zu schonen, tauchen Sie die Wand hinter dem TV-Gerät in sanftes, indirektes Licht.

**ES GEHT NICHT UM SEKUNDEN.** Bevor Sie in Ihrem Spareifer einen Ehestreit vom Zaun brechen oder Ihren Rausschmiss aus der WG riskieren, lassen Sie das Licht in Küche oder Flur ruhig etwas länger brennen. Doch grundsätzlich sollte die Regel lauten: Licht ausschalten, wenn es mindestens fünf Minuten keiner braucht! Strom ist teuer – auf Dauer summiert sich die Ersparnis.

# STROM SPAREN MIT GRIPS

Paradox, aber wahr: Am meisten Geld sparen Sie, wenn Sie es zunächst einmal ausgeben, um etwa veraltete Glühlampen oder Ihren Kühlschrank-Oldie auszutauschen (Spareffekt siehe Grafik).

**A+++-KÜHL-GEFRIER-KOMBI**

Vorsicht, wenn Händler mit Billigangeboten locken – oft wollen sie technisch veraltete Lagerbestände verramschen. Auf lange Sicht lohnt es sich, auf die höchste Effizienzklasse zu setzen (siehe S. 210).

**WÄSCHETROCKNER MIT WÄRMEPUMPE**

Wärmepumpentechnik spart im Vergleich zur klassischen Kondensation mehr als die Hälfte an Strom (siehe S. 84). Vergessen Sie aber nicht, den Wärmepumpenfilter regelmäßig zu reinigen, sonst steigen Trockendauer und Stromverbrauch rapide an!

**HAUSHALT MIT LED-LAMPEN**

Gebunkerte Glühlampen verbrauchen Sie am besten im Keller oder in der Garage – also dort, wo Sie sich selten aufhalten. Im Wohnbereich sind LED-Lampen top: Sie gehen sofort an, sind auch in warmen Lichtfarben zu haben und halten eine kleine Ewigkeit. Vor allem aber sparen sie bis zu 75 Prozent der Stromkosten.

**DUSCHEN MIT SPARBRAUSE**

Wer sein warmes Wasser mit Strom aufheizt, sollte es nicht verschwenden. Mit Hilfe einer Sparbrause duscht man deutlich effizienter. Auch in Wasserhähne lassen sich Durchflussbegrenzer einbauen.

**SPARSAMER LCD-FERNSEHER**

Entscheidend ist nicht die Effizienzklasse auf dem Energielabel. Bei den Messungen dafür stellen die Hersteller eine geringe maximale Bildhelligkeit ein, die der Käufer zu Hause nachregeln muss. Dadurch steigt der Stromverbrauch. Wie stark – das verraten nur unabhängige Tests.

**STECKDOSENLEISTEN**

Ältere Geräte (u. a. Computer, Fernseher) ziehen auch ausgeschaltet Strom. Diese Verschwendung stoppen Steckerleisten mit Schalter. Tipp: Lassen Sie auch Trafo-Netzteile (z. B. Ladegeräte für Smartphones) nicht unnötig in der Steckdose.

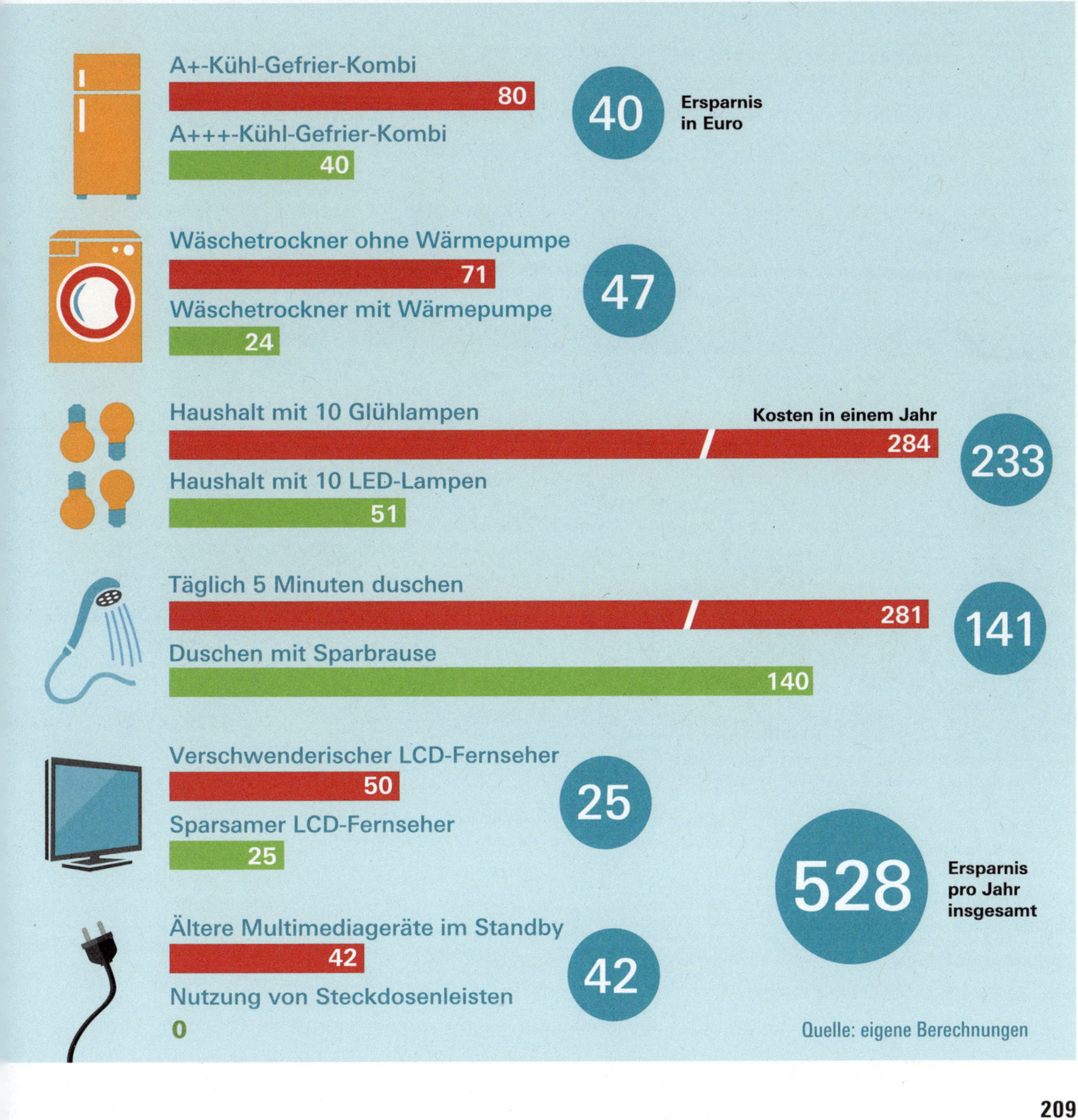
A+-Kühl-Gefrier-Kombi
80
A+++-Kühl-Gefrier-Kombi
40
40
Ersparnis in Euro
Wäschetrockner ohne Wärmepumpe
71
Wäschetrockner mit Wärmepumpe
24
47
Haushalt mit 10 Glühlampen
Kosten in einem Jahr
284
Haushalt mit 10 LED-Lampen
51
233
Täglich 5 Minuten duschen
281
Duschen mit Sparbrause
140
141
Verschwenderischer LCD-Fernseher
50
Sparsamer LCD-Fernseher
25
25
528
Ersparnis pro Jahr insgesamt
Ältere Multimediageräte im Standby
42
Nutzung von Steckdosenleisten
0
42
Quelle: eigene Berechnungen

## Für Sparfüchse 1: Top-Geräte kaufen

**VERWIRRENDES ETIKETT.** Auf immer mehr Haushaltsgeräten klebt das EU-Energielabel. Doch fast jede Gerätegruppe besitzt eigene Effizienzklassen. Während Staubsauger der Klasse A am wenigsten verbrauchen, dürfen so gekennzeichnete Waschmaschinen gar nicht mehr verkauft werden. Die sparsamsten Geräte tragen: A+++ (Waschmaschinen, Geschirrspüler, Wäschetrockner, Kühl- und Gefriergeräte), A++ (Energiesparlampen) sowie A (Elektrobacköfen, Waschtrockner, Staubsauger).

## Für Sparfüchse 2: Bewusst heizen

**GROSSE VERSCHWENDER.** Ein Heizlüfter mit zwei Kilowatt, der über den Winter 500 Stunden läuft, bläst fast 300 Euro in die Luft! Auch Ölradiatoren und Keramikheizer treiben die Stromrechnung in astronomische Höhen. Eine Kilowattstunde Heizenergie aus dem Stromnetz kostet ca. dreimal so viel wie aus einer Öl- oder Gasheizung. Gegen kalte Füße helfen auch ein dicker Teppich, gefütterte Hausschuhe oder ein heißes Fußbad! Für das gesparte Geld lassen Sie dann Ihre Heizung checken.

## Für Sparfüchse 3: Warmwasser sparen

**HEISSE DUSCHE.** Wer sein Wasser mit einem Durchlauferhitzer erwärmt, sollte diesen nicht zu heiß einstellen und den Durchfluss begrenzen: Eine Sparbrause für die Dusche etwa spart bis zu 50 Prozent Wasser. Wer sich öfter mal kurz die Hände wäscht, nimmt besser gleich kaltes Wasser. Sonst springt zwar dauernd der Durchlauferhitzer an und frisst Strom – bis aber das warme Wasser durch die Leitung bis zum Waschbecken geflossen ist, sind die Hände sauber und der Hahn wieder zu.

## Für Sparfüchse 4: Anbieter wechseln

**NEUER TARIF.** Der Abschied vom alten Stromanbieter kann die Haushaltskasse um mehrere Hundert Euro pro Jahr entlasten. Nutzen Sie Vergleichsportale wie Check24.de, Verivox.de oder Toptarif.de. Meiden Sie Pakettarife, Tarife mit Vorkasse und Angebote, die nur aufgrund einmaliger Boni günstiger sind. Wichtig ist eine Preisgarantie, die mindestens so lang ist wie die Vertragslaufzeit. Prüfen Sie, was nach Ablauf der Erstvertragslaufzeit gilt, wenn Sie keine Preisgarantie mehr haben.

# DAUERSENDUNG?

**SO EIN MOBILTEIL SCHLÄFT NIE.** Ständig kontrolliert die Basis, ob es wach ist. Bei Schnurlostelefonen liegt dadurch dauernd etwas in der Luft – Strahlung.

**MIT EINEM SCHNURLOSEN TELEFON** ist man stets auf Empfang. Da die Basis jedoch ständig Kontakt zum Mobilteil hält, herrscht auch dann Funkverkehr, wenn gar nicht telefoniert wird. Damit nicht genug: Viele Menschen besitzen sogar für jeden Raum ein eigenes Mobilteil. Auch wenn sich über die Gesundheitsgefahren diskutieren lässt: Ganz schön viel Strahlung für ein wenig Komfort.

# SENDEPAUSE!

**ÖFTER MAL AUFLEGEN** – dann stellen moderne Geräte das Dauergefunke ein. Manche reduzieren auch im mobilen Betrieb ihre Sendeleistung.

Die Eco-Funktionen müssen über das **MENÜ** ein gestellt werden. Wer das gleich den Verkäufer machen lässt, erspart sich langes Suchen.

Auch bei Telefonmodellen mit **ECO-MODUS** hat die Basisstation im Wohn- oder Schlafzimmer nichts zu suchen. Je größer der Abstand, desto geringer die Strahlenbelastung.

## EXTRA-TIPP

Manche DECT-Telefone senden selbst dann, wenn sich das Mobilteil in der Basis befindet. Fragen Sie beim Kauf gezielt nach einem Modell, dessen Basis bei aufgelegtem Mobilteil aufhört zu funken.

**ECO-MODUS HEISST DAS STICHWORT.** Damit das Telefon nicht unnötig funkt, reduziert es seine Sendeleistung. Das geht auf Kosten der Reichweite, ist aber für kleinere Wohnungen meist noch ausreichend. Oft ist zusätzlich der Modus „Eco Plus“ an Bord. Hier stellt die Basis im Stand-by den Sendebetrieb fast ein. Das Mobilteil muss nach ihr suchen – das saugt leider den Akku schneller leer.

## STRAHLENBELASTUNG IM HAUSHALT

**Sind Haushaltsgeräte gefährlich?** Mit einem Elektromesser kann man sich schneiden, an einem Herd böse verbrennen. Doch was richten elektrische und magnetische Felder an? Keiner kann es mit Sicherheit sagen.

**Mithilfe hochfrequenter Felder** lassen sich Telefonate, Bilder, Musik, Internetdaten und vieles andere übertragen. Experten raten, die Strahlenbelastung in den eigenen vier Wänden vorsorglich zu begrenzen. Rechnen Sie einfach mal zusammen, was da bei Ihnen alles um die Wette funkt – und schalten Sie Geräte, die Sie nicht brauchen, konsequent ab.

## WLAN-ROUTER

**Wozu dient das Gerät?** WLan steht für „Wireless Local Area Network". Über ein solches kabelloses Netzwerk können Computer, TV, Handys etc. kommunizieren. Eine Box, der WLan-Router, stellt das Netzwerk her.

**Wie lässt sich Strahlung begrenzen?** Schalten Sie die WLan-Funktion am Router aus, wenn Sie sie nicht nutzen, oder aktivieren Sie die Nachtschaltung. Wer keinen Funkverkehr will, verbindet alle Geräte per Netzwerkkabel mit dem Router.

## BLUETOOTH-HEADSET

**Wozu dient das Gerät?** Um beim Telefonieren die Hände frei zu haben, lassen sich viele Headsets drahtlos mit dem Handy koppeln. Auch Tastaturen und Kopfhörer nutzen die Bluetooth-Technologie, um Kontakt mit Smartphone oder Tablet aufzunehmen.

**Wie lässt sich Strahlung begrenzen?** Schalten Sie die Bluetooth-Funktion des Handys oder Tablets aus, wenn Sie sie nicht brauchen. Verwenden Sie nach Möglichkeit kabelgebundene Headsets.

### HANDY/SMARTPHONE

**Wozu dient das Gerät?** Es ermöglicht mobiles Telefonieren und Datenübertragung (u.a. Fotos, Musik und Videos).

**Wie lässt sich Strahlung begrenzen?** Halten Sie Telefonate kurz oder nutzen Sie ein Headset. Telefonieren Sie nicht bei schlechtem Empfang – je schwächer das Netz, desto höher die Sendeleistung des Handys. Lassen Sie das Gerät nachts nicht auf Empfang neben Ihrem Kopf liegen – die Weckfunktion ist auch im Flugzeugmodus aktiv.

### INDUKTIONSHERD

**Wozu dient das Gerät?** Mit Hilfe eines magnetischen Wechselfeldes wird in leitfähigen Topfböden Strom erzeugt. Dadurch erwärmt sich der Topfboden. Wird der Topf von der Herdplatte genommen, schaltet sich das Magnetfeld wieder ab.

**Wie lässt sich Strahlung begrenzen?** Töpfe sollten jeweils genau auf die Herdplatte passen. Ist der Topf aus ungeeignetem Material, zu klein oder steht er nicht mittig, entstehen in der Umgebung des Herdes Magnetfelder.

### MIKROWELLE

**Wozu dient das Gerät?** Eine Mikrowelle erwärmt Lebensmittel mit hochfrequenter Strahlung. Ein Metallkäfig schirmt ihr Gehäuse ab, sodass nur im Türbereich eine äußerst geringe Strahlung nach außen dringt.

**Wie lässt sich Strahlung begrenzen?** Halten Sie beim Erwärmen von Speisen Abstand. Kleben Sie nicht mit der Nase an der Türscheibe. Tauschen Sie Ihre Mikrowelle sofort aus, falls Türverschluss oder Scharniere erkennbar beschädigt sind.

# Service

# NÜTZLICHE ADRESSEN

**www.test.de**
Ob Matratzen oder Energiesparlampen, Kaffeemaschinen oder Geschirrspül-Tabs: Auf der Website der **Stiftung Warentest** finden Sie viele aktuelle Tests aus den Bereichen Haushalt und Garten. Für die wichtigsten Haushaltsgeräte wie Waschmaschinen, Geschirrspüler oder Staubsauger gibt es Produktfinder: Diese fortlaufend aktualisierten Datenbanken bieten gegen eine kleine Gebühr Testergebnisse, Preise, Fotos und Ausstattungsmerkmale für alle von der Stiftung Warentest getesteten und noch erhältlichen Geräte der jeweiligen Produktkategorie. Zudem lassen sie sich durch Eingabe unterschiedlicher Kriterien gezielt durchsuchen.

**www.bfs.de**
Website des **Bundesamtes für Strahlenschutz** mit grundlegenden und weiterführenden Informationen u. a. zu elektromagnetischen Feldern durch Handys, schnurlose Telefone, WLan-Router etc. sowie Maßnahmen zum Strahlenschutz.

**www.bvl.bund.de**
Das Internet-Angebot des **Bundesamtes für Lebensmittelsicherheit und Verbraucherschutz** enthält Hinweise u. a. zu: Lebensmittelverpackungen, Reinigungs- und Imprägniermitteln, Duftstoffen in Innenräumen, Schädlingsbekämpfung sowie Hygiene im Haushalt.

**www.umweltbundesamt.de**
Das **Umweltbundesamt** informiert u.a. zu den Themenbereichen Klima / Energie, Abfall / Ressourcen, Chemikalien und Gesundheit.

**www.baua.de**
Die **Bundesanstalt für Arbeitsschutz und Arbeitsmedizin** veröffentlicht u. a. wöchentlich eine Liste in Deutschland gefundener oder hergestellter und mit Risiken behafteter Verbraucherprodukte.

**www.oekotex.com**
Informationen zum Label **Oekotex-Standard 100** für schadstoffgeprüfte Textilien.

**www.label-online.de**
Welche Kriterien muss ein Produkt erfüllen, um ein bestimmtes Gütezeichen zu erhalten? Verbergen sich dahinter tatsächlich hohe ökologische oder soziale Standards? Die Verbraucher-Initiative **Label Online** hat über 300 Gütezeichen und Label geprüft.

**www.das-sichere-haus.de**
Die **Aktion Das Sichere Haus**, in der sich Verbände und Institutionen zusammengeschlossen haben, informiert über Unfallgefahren in Heim und Freizeit. Verschiedene Broschüren zu Unfallschwerpunkten im Haushalt lassen sich im PDF-Format kostenlos herunterladen.

**www.kindersicherheit.de**
In der **Bundesarbeitsgemeinschaft Kindersicherheit** haben sich wichtige Akteure in Sachen Kindersicherheit zusammengeschlossen und informieren u. a. über vorbeugende Maßnahmen im Haushalt sowie Erste Hilfe bei Strom- und Gartenunfällen, Verbrühungen sowie Vergiftungen.

# STICHWORTVERZEICHNIS

## I, J



## K



## L



## M

## T



## U



## V



## W, Z

## IMPRESSUM



Stiftung Warentest
Lützowplatz 11–13
10785 Berlin
Telefon 0 30/26 31–0
Fax 0 30/26 31–25 25
www.test.de
email@stiftung-warentest.de

USt.-IdNr.: DE136725570

**Vorstand:** Hubertus Primus
**Weitere Mitglieder der Geschäftsleitung:**
Dr. Holger Brackemann, Daniel Gläser



**Programmleitung:** Niclas Dewitz

**Konzeption und Idee:** Florian Brendel, Niclas Dewitz, Ursula Rieth
**Projektleitung/Lektorat:** Ursula Rieth
**Mitarbeit:** Karsten Treber
**Korrektorat:** Christoph Nettersheim
**Fachliche Unterstützung:** Lothar Beckmann, Ina Bockholt, Werner Hinzpeter, Brigitte Kluth-Kosnik, Peter Knaack, Michael Koswig, Swantje Waterstraat

**Titel, Art Direktion, Layout, Satz:** Büro Brendel, Berlin
**Fotografie:** Knut Koops, Berlin
**Bildnachweis:** Florian Brendel 2–4, 66, 126, 127, 162, 163, 209, 214, 215; Fotolia 204; istockphoto 204; Thinkstock 186, 187, 204; 176 v. l. n. r.: Siga, Kamran Iftikhar, Gunther Tschuch, Kurt Kulac, thinkstock; 182 v.l n.r.: Olaf Leillinger, Thinkstock (3), Tomkpunkt

**Produktion:** Vera Göring
**Verlagsherstellung:** Rita Brosius (Ltg.), Susanne Beeh
**Litho:** tiff.any, Berlin
**Druck:** Schreckhase, Spangenberg

**ISBN: 978-3-86851-403-2**